Wolfgang Guttmann (Hrsg.)

Wenn dein Kind dich morgen fragt ...

Sternstunden des Glaubens

Wolfgang Guttmann (Hrsg.)

Wenn dein Kind dich morgen fragt ...

Sternstunden des Glaubens

SANKT ANSGAR VERLAG

Herausgeber: Wolfgang Guttman, Maria Hilfe der Christen, Quickborn

Gesamtherstellung: Sankt-Ansgar-Verlag, Hamburg
Telefon 040-248 77-111
www.ansgar-verlag.de

Gestaltung: Andreas Schramm
Lektorat: Dr. Reinhard Abeln
Litho: Neue Repro GmbH, Norderstedt
Druck und Bindung: Brendes & Langhans, Norderstedt

Printed in Germany 2007

ISBN-10: 3-932379-94-2

ISBN-13: 978-3-932379-94-9

Inhalt

Zum Verständnis dieses Buches

Pfarrer Wolfgang Guttmann

Was Eltern u.a. alles machen: Eltern kümmern sich um die Gesundheit ihrer Kinder. Durch solide Schulbildung wollen Eltern ihren Kinder die beruflichen Chancen vergrößern. Eltern achten zudem darauf, in welchem Kreis sich ihre Kinder aufhalten. Sie wünschen ihren Kindern ein Umfeld, das ihnen in ihrer Entwicklung wirklich guttut.

Wenn Eltern in vielen Bereichen menschlichen Lebens ein so hohes Maß an Sorge tragen, warum soll es im Bereich des Religiösen anders sein? Bei einem Leben ohne Religion würde eine wichtige Dimension fehlen, denn die Fragen des Glaubens möchten Antworten finden, warum das Leben so ist, wie es ist. Darüber hinaus hat die Religion eine Ahnung davon, dass das Leben ein großes Geheimnis ist und dass das Leben allemal mehr ausmacht als das, was wir durch unsere Sinne wahrnehmen. Der Mensch will hinter die Dinge schauen, denn mit der Physik gibt es auch eine Metaphysik.

Kinder, das wissen wir noch aus unserer eigenen Kindheit, haben ein Gespür für Geheimnisvolles. Für kleine Kinderseelen ist das Leben ein großes Rätsel. Kinder möchten dem Leben auf die Spur kommen, möchten entschlüsseln. Auch wenn einerseits Kinder sich schelmisch freuen, wenn sie beibehalten können, wovon die anderen, vor allem die Erwachsenen, nichts wissen sollen, so sprudelt andererseits doch alles sensationslustig aus ihnen heraus; sie wollen die Welt mit den Möglichkeiten ihrer Sprache deuten.

Indem Kinder dem Leben mehr und mehr auf die Spur kommen, stellen sie natürlich Fragen. Die Frage nach dem Sinn des Lebens, verbunden mit der Frage nach Gott, stellt sich irgendwann einmal immer: Warum läuten sonntags die Glocken? Wo wohnt Gott? Hat er wirklich alle Menschen geschaffen? Hat Gott auch die Kinder lieb?

Kinderfragen können Erwachsene ganz schön herausfordern, zumal Kinder ihre Nachdenklichkeiten zu den unpassendsten Gelegenheiten herausrufen können. Bei Eltern kann da Befremden aufkommen. Was ist, wenn dein Kind dich morgen fragt: Warum bleibt der liebe Gott im Himmel? Warum gehen auch Kinder in die Kirche? Was ist eine Taufe? Was bedeutet es, wenn Opa stirbt? Leben Engel nur im Himmel?

Nicht wenige Erwachsene würden unsicher darauf antworten. Entsprechend gibt es auch Unsicherheiten in der religiösen Erziehung. Die Gründe können komplex sein: Da spielt beispielsweise der eigene Kinderglaube für einen Erwachsenen noch immer eine wichtige Rolle, in der weiteren persönlichen Entwicklung des Betreffenden fand aber der Glaube keine neue geistliche Durchformung. Viele besaßen zudem keine Gelegenheit, die Erfahrungen des Religiösen in eine angemessene Sprache umzusetzen und wiederzugeben. Wenn Kinder unvermutet Fragen aus dem Bereich des Religiösen stellen, stehen Eltern nun selbst wie vor einem Rätsel und tun sich schwer, damit umzugehen.

Verunsichert sind auch nicht wenige Eltern in ihrer Glaubensüberzeugung durch die beängstigende Erfahrung, dass es, wie sie sagen, in der Welt so erschreckend viel Trauriges gibt. Für sie bleibt die Existenz Gottes in Frage gestellt. Sie leben in einem Zwiespalt. Eltern können den Glauben an ihre Kinder deswegen nicht weitergeben, weil sie sich selbst nichts vormachen wollen.

So oder ähnlich denken wohl viele Eltern und erhoffen sich Hilfen durch den Religionsunterricht ihrer Kinder. Weil aber viele Eltern in ihrer besonderen Lebensphase selber einen neuen Glaubensimpuls bekommen möchten, erhoffen sie sich natürlich persönliche Hilfen durch die Kirche bzw. durch die Pfarrgemeinde. Dieser Aufgabe versuchte die Katholische Pfarrgemeinde Quickborn, deren äußeres Erscheinungsbild erfreulicherweise durch viele junge Familien geprägt ist, gerecht zu werden.

Durch die Mitwirkung vieler fachkompetenter Referenten, die auch durch ihre spirituelle Ausstrahlung ansprachen, konnte im Kalenderjahr 2006 jeder der achtzehn Abende für alle Beteiligten zu einer wahren „Sternstunde des Glaubens" werden. Die Akzeptanz durch die Quickborner Pfarrgemeinde sowie vieler Gäste war erstaunlich. Durch anspruchsvolles musikalisches Rahmenprogramm sowie durch gemeinsames Gebet wurden alle Glaubenskursabende zu einem außergewöhnlichen geistlichen Erlebnis.

Es war nicht verwunderlich, dass auch Eltern der früheren Generation der Einladung zum Glaubenskurs folgten und sich dabei sehr wohlfühlten. Im anschließenden Gespräch beleuchteten sie die Dinge des Lebens im Dialog mit der jüngeren Elterngeneration vor dem Hintergrund ihrer Erfahrungen.

Erziehungsziele und Erziehungsmethoden waren im Laufe der Zeit nachhaltigen Veränderungen unterworfen. Was früher einem starken Rigorismus ausgesetzt war, unterliegt heute eher einer religiösen Beliebigkeit. Beide Phänomene, Rigorismus sowie Beliebigkeit, können keine überzeugenden Vorgaben für eine christliche Erziehung sein. Während der Rigorismus Gefahr läuft, die Liebe außer Acht zu lassen, kann religiöse Gleichgültigkeit dazu führen, dass ein Kind in der Familie kaum etwas vermittelt bekommt vom Geheimnis des Lebens, von der wirksamen Lebenshilfe gegenseitiger christlicher Verantwortung, erst recht nicht vom Zuspruch göttlicher Freundschaft und Liebe.

Christliche Erziehung trägt in sich das Ziel, die Selbstwerdung des Kindes unterstützen zu helfen und zu fördern. Zur gesunden Entwicklung eines Kindes gehört es, dass religiöse Gedanken und Erfahrungen nicht sprachlos bleiben, sondern mit Erwachsenen geteilt werden können. Dabei will die Phantasie des Kindes wahrgenommen und ernst genommen werden, eine Phantasie, die anfangs noch geprägt ist von einer beträchtlichen Unordnung der Dinge, sich aber schließlich mehr und mehr zu ordnen beginnt. Der Himmel oben ist der Wohnort Gottes, zugleich auch seiner Engel und seiner Heiligen. Die Erde unten ist der Lebensort all seiner Geschöpfe einschließlich der Menschen und natürlich auch aller Kinder.

Später wird das kindliche Weltbild mit seinem Himmel als Wohnstatt Gottes abgelöst durch die Vorstellung von einem riesigen Weltall, in dem es kein oben und unten mehr gibt, sondern nur noch unendlich weite Entfernungen. Mit dem Abschiednehmen vom Kinderglauben stellt sich die Gottesfrage für die Heranwachsenden natürlich neu.

„Wenn dein Kind dich morgen fragt" – diese aus dem 5. Buch Mose (Deuteronomium 6,20) entnommene Frage hat an Aktualität nichts eingebüßt. Man möchte es allen Kindern überhaupt wünschen, dass sie in ihrem Kinderzimmer bzw. am Esszimmer- oder Wohnzimmertisch für ihre Fragen bei ihren Eltern viel Offenheit und Verständnis finden.

Zugleich möchte man den Eltern Mut und Gelassenheit wünschen, die Fragen der Kinder an sich herankommen zu lassen. Das hat nicht allein etwas mit religiöser Erziehung zu tun, sondern es bringt zum Ausdruck einen persönlichen Respekt vor dem Kind. Es gibt keine christliche Erziehung ohne Achtung vor dem Kind, verbunden mit einer wirklich echten elterlichen Liebe zum Kind.

Welch hohen Stellenwert ein Kind besitzt, wird Gott durch Jesus selber verdeutlichen. Im Markusevangelium (10,13–16) stellt Jesus mit Betroffenheit fest, dass die Erwachsenenwelt eine Schar von Kindern, aus welchen Beweggründen auch immer, nicht zu ihm herankommen lassen will. Mit Kindern dürfen Erwachsene nicht beliebig umgehen, wird Jesus unwillig klarmachen. Er weiß, wie wertvoll junges Leben ist. Jesus möchte die Kinder ganz in seiner Nähe haben: „Lasst die Kinder zu mir kommen; hindert sie nicht daran! Denn Menschen wie ihnen gehört das Reich Gottes." Anrührend ist die sich nun anschließende Geste Jesu, eine Geste, die man vielen Eltern auch heute noch als Praxis für ihre christliche Erziehung wünschen möchte: „Und Jesus nahm die Kinder in seine Arme, legte ihnen die Hände auf und segnete sie."

Wie hoch Jesus das Leben eines Kindes würdigt, mehr noch, wie Jesus sich mit dem Leben eines Kindes identifiziert, wird ebenfalls vom Evangelisten Markus (9,37) überliefert: „Jesus stellte ein Kind in die Mitte, nahm es in seine Arme und sagte zu den Jüngern: Wer ein solches Kind um meinetwillen aufnimmt, der nimmt mich auf." Es ist schon erstaunlich und es darf einen tief bewegen, wie Gott selber sich mit einem Kind identifiziert. Eigentlich könnten wir sagen: Wie wir mit Kindern umgehen, welche Achtung und Würde wir ihnen zukommen lassen, ist immer auch sichtbarer Ausdruck unseres eigenen persönlichen Gottesbildes.

„Wenn dein Kind dich morgen fragt" – wir hätten viele Antworten auf die Fragen unserer Kinder zu geben bis hin zum Verhalten Jesu gegenüber den Kleinsten der Kleinen. Eltern nehmen gerade heute viel Verantwortung gegenüber Kindern wahr. Neben Gesundheit, Bildung und Freundeskreis gehört auch die religiöschristliche Erziehung zur gesunden Entwicklung eines Kindes unverzichtbar dazu. Weil dies auch früher nicht so selbstverständlich war, deswegen findet sich als Mahnung aus dem Jahre 1924 in der „Ersten Erklärung der Kinderrechte (Genfer Erklärung)“ folgender erinnerungswürdiger Hinweis: „Dem Kind muss ermöglicht werden, sich auf normale Weise zu entwickeln, in materieller und in spiritueller Hinsicht.“

Den Eltern hinsichtlich der geistlichen-christlichen Bezüge im Umgang mit ihren Kindern eine bereichernde Hilfestellung anzubieten, war jener Impuls, der diesen Glaubenskurs in Quickborn Wirklichkeit werden ließ. Da alle Referate aufschlussreiche und denkwürdige Glaubensimpulse beinhalteten, die dargebotenen spirituellen Gedanken also nicht verloren gehen sollen, erscheint nun eine schriftliche Wiedergabe in dieser Buchform. Nachfolgend können Sie nun alle Glaubensimpulse in Ruhe studieren und betrachten.

Bei der Lektüre werden Sie feststellen, dass es allen ReferentInnen nicht darum ging, den Eltern eine maßgeschneiderte individuelle pädagogische Anleitung für eine gelingende christliche Erziehung mit auf den Weg zu geben. In ihrem hohen Anspruch sind alle nachzulesenden Glaubensimpulse davon geprägt, überhaupt einen neuen und aktuellen Zugang zu den Grundfragen des Glaubens zu vermitteln. Die hier dargelegten Glaubensinhalte gehen daher weit über die Fragen eines Kindes hinaus. Jedes Referat trägt in sich das Bemühen um eine neue Verdeutlichung und um eine geistliche Vertiefung des heute gelebten christlichen Glaubens. Dass dieses in überzeugender Weise gelingen konnte, dafür gilt an dieser Stelle allen ReferentInnen mein persönlicher aufrichtiger Dank.

Bewährt hat sich die Struktur der Glaubenskursabende. Während in der St.-Marien-Kirche mit einem zeitlichen Umfang von etwa einer Stunde der Glaubensimpuls einschließlich musikalischem Rahmen und Gebet seinen ausgeprägten sakralen Ort besaß, fand im Gemeindehaus im Beisein des/r Referenten/in das sich anschließende Gesprächsforum statt. Die zeitliche und räumliche Trennung ermöglichte es einigen Besuchern, erfüllt mit dem in der Kirche Gehörten und Erlebten den Heimweg anzutreten. Im Gemeindehaus versammelte sich dennoch regelmäßig die Hälfte aller Teilnehmer zum vertiefenden Gespräch.

Dank gilt Jörg Belden, Michaela Brümmer und nicht zuletzt Maria Elena Eckart. Viele dieser auf Band festgehaltenen Glaubensimpulse wurden von ihnen in Schriftform umgesetzt.

Erwähnt seien natürlich auch alle Kirchenmusiker. Wie die Referenten versahen sie ihren Dienst der Verkündigung ausschließlich ehrenamtlich. Zusammen mit den ReferentInnen ließen die Kirchenmusiker diese Glaubenskursabende zu wirklichen „Sternstunden des Glaubens" werden. Dank gilt den Chören „Kirchenchor St. Marien, Quickborn" sowie dem Quickborner „Canteluja-Chor", den Organisten Jonas Dietrich, Bettina Holtmannspötter, Heinke Soltau, Annemarie Steincke sowie Dagmar Witt, den Instrumentalisten Bernd Breuninger – Gitarre, Charlotte Raasch-Beech – Querflöte und nicht zuletzt den Solisten Peter Galliard – Tenor, Karin Janssen – Sopran und Jörn Schümann – Bass-Bariton.

Dank gilt ebenso den Gesprächsleitern, die im Gemeindehaus als Moderatoren für eine gelungene Gesprächskultur sorgten: Jörg Belden, Hermann Bolle, Jenny Breuninger, Martin Dörnte, Dorothe Driessen, Thorsten Eckart, Michael Eitenbenz, Sabine Heckmann, Jörg Komsthöft, Jürgen Kuper, Sabine Langhans, Gisela Marrek, Björn Mönkehaus, Martina Pulver, Rainer Ronke, Dr. Bernhard Schmidt, Gisela Schönebein und Elisabeth Schwiderski.

Dank gilt schließlich den Mitgliedern unseres Büchereikreises, die ein von den ReferentInnen empfohlenes weiterführendes Literaturangebot präsentierten, um Interessenten eine inhaltliche Vertiefung des Gehörten zu ermöglichen. Edith Balbach, Dorothe Driessen, Angelika Kuper, Johanna Schmaltz, Sibylle Schulte und Edith Wacker bieten dieses Buch auch in unserer Gemeindebücherei zum Erwerb an. Gereicht wird eine geistige und geistliche Hilfestellung für jene Augenblicke, die so bedeutsam sind im Leben einer Familie: „Wenn dein Kind dich morgen fragt ..."

„Kehrt um und glaubt an das Evangelium“

Am Beginn des Glaubens steht die Hinwendung zu Christus

Bruder Willibrord Böttges OSB

Der heilige Benedikt hat das, was wir mit Umkehr bezeichnen, in vollem Umfang erlebt. Nicht, dass er ein schlimmer Sünder war. Er fühlte sich in seinem Leben nicht mehr wohl. Er ging zum Studium nach Rom, etwa im Jahr 500. Es sah damals in Rom sehr schlimm aus. Die Stadt war 410 eingenommen und geplündert worden. Zwar kam unter der Herrschaft Theoderichs wieder Ruhe in das von der Völkerwanderung geschundene Land, aber die Atmosphäre der Stadt erschien Benedikt schädlich.

Selbst die römische Kirche war gespalten. Zu der Zeit, als Benedikt in Rom war, gab es dort zwei Bischöfe, was Rivalität unter den Parteigängern mit sich brachte. Benedikt war von der Stadt, von der Kirche, von den Schulen enttäuscht. Er wandte sich ab und verließ die Großstadt. Seine Sehnsucht führte ihn nach Enfide. Dort lebte eine Asketengemeinschaft, aber auch dort fand seine Seele den Frieden nicht. Fast fluchtartig verließ er bei Nacht den Ort und fand eine Höhle in der Nähe Subiacos. Hier erhielt er von einem Einsiedler, Romanus, die Einführung in das mönchische Leben.

Ich war in Subiaco und habe gesehen, wo Benedikt gelebt hat. Ich hatte das Gefühl: Hier kann man nur zwei Dinge – entweder heilig oder verrückt werden. Da oben in den Bergen wird es im Winter grimmig kalt. Ich weiß nicht, wie er da gelebt hat. Ich glaube, ich wäre weggelaufen.

In der Zeit in Subiaco blieben innere Anfechtungen nicht aus. Vielleicht war eine besonders schlimme, als Benedikt nach drei Jahren Einsiedlerleben von Mönchen gebeten wurde, ihr Abt zu werden. Er nahm an und scheiterte völlig. Zu sehr unterschieden sich seine Auffassungen vom Mönchsein, das vom Einsiedlersein geprägt war, von dem der Mönche. Er war gewohnt, ein auf das Wesentliche konzentriertes Leben zu führen, ein ganz und gar auf Gott ausgerichtetes Leben. Das haben die Mönche nicht ausgehalten. Und weil sie zu feige waren, mit ihm in einen richtigen Diskurs zu kommen, haben sie ihm einen Giftbecher vorgesetzt. Es war nicht der feinere Weg, aber man musste sich dann eben nicht so auseinandersetzen. Beim Kreuzzeichen über den Becher ist der Becher zersprungen und Benedikt ahnte, was das bedeutete, und hat ihnen gesagt: „Wir können nicht miteinander sein, unsere Vorstellungen sind zu verschieden" – und ist weggegangen. Benedikts Umkehr war Gehorsam gegenüber seiner inneren Stimme. Er wusste nicht, wohin sie ihn führen würde, aber er ging, sobald er sie bemerkte.

Auf die innere Stimme hören

Auch ich kenne Situationen, in denen ich deutlich spürte, so geht es nicht weiter. Es sind recht unterschiedliche Erfahrungen. Die mich länger kennen, die Nütschau kennen, wissen, dass ich 1990 von Nütschau weggegangen bin. 12 Jahre war ich nicht in Nütschau. Manchmal muss man dem Inneren folgen. Dem inneren Drängen, die alten Mönche sagten: „dem inneren Meister". Zu stark wird das Gefühl, so geht es nicht weiter. Du musst etwas ändern. Du musst die Umgebung ändern, um dich ändern zu können. Nicht, weil es eine Sünde ist, was du lebst, sondern weil du an dir vorbeilebst. Du bist nicht bei dir. Du musst lernen, deine Mitte zu finden, Wege zu deinem Wesen. Wie, wusste ich nicht.

In der Medizinischen Hochschule in Hannover, wo ich als Seelsorger arbeitete, merkte ich bei den ersten Sterbebegleitungen: Du glaubst eigentlich nicht, nicht in der Tiefe. Du kannst dich nicht loslassen; so vertrauen, dass du dich mit Haut und Haaren Gott anvertrauen könntest, ganz und gar. Das hat mich ziemlich umgetrieben. Ich habe mich damals immer wieder gefragt: Wie komme ich denn zu einem Vertrauen, das so tief ist, dass ich mich „lassen" kann, mit meinem ganzen Leben mich „loslassen" kann?

Man könnte vielleicht sagen: Halte die Gebote, tue gute Werke, bete! Ich glaube, das habe ich von Kind auf getan. Ich habe ziemlich hohe Ideale gehabt. Ich weiß noch, dass meine Eltern mir zur Erstkommunion Heiligengeschichten gaben, die mich sehr berührten. Wenn ich heute zurückblicke und frage: „Was ist das Ideal, was sich damals gebildet hat und was ich verinnerlicht habe?" – ich glaube, es ist das, was in der Figur des Lohengrin Gestalt wurde. Warum Lohengrin? Weil er ein heiliger Ritter war. Und diese Kombination ist für einen Mann einfach wunderbar: ein Ritter zu sein und ein Heiliger.

Ideale: Im Laufe meines Lebens habe ich gemerkt, dass es vielleicht kaum etwas Gefährlicheres gibt als überhöhte Ideale. Sie können uns von Gott abschneiden. Sie können uns von unserer inneren Stimme abschneiden. Die überhöhten Ideale können sich über unsere Seele legen, wie eine Betondecke. Man spürt die Ideale, man spürt die Ansprüche, aber man spürt sich nicht. Man spürt nicht, was in einem wirklich lebendig ist oder lebendig sein möchte. Man spürt nicht die wahre lebendige Sehnsucht, die ihren Ort im Wesensgrund eines Menschen hat. Man spürt nicht die Wünsche, die da sind, nicht, was einen zutiefst trägt. Immer sind die Ideale davor.

Wegen dieser Erfahrung glaube ich, dass es sehr wichtig ist, wenn wir in Krisen geraten im Laufe unseres Lebens, die es uns nicht mehr möglich machen, diesen Idealen zu folgen, unserem überhöhten Selbstbild zu folgen. Manchmal werden solche Krisen durch eine schwere Krankheit hervorgerufen. Manchmal sind es andere schwere Krisen. Krisen können wie ein Stoppschild erlebt werden. Man spürt deutlich, so geht es nicht mehr weiter, man beginnt, grundsätzlich nachzudenken über das eigene Leben. Was hat diese Krise mir zu sagen? Welchen Weg soll ich gehen? Ich glaube, in solchen Zeiten wird ein Mensch dahin geführt, demütig zu werden.

Was meint in diesem Zusammenhang Demut? Ich meine, Demut sei der Sinn für die Wirklichkeit, für meine Wirklichkeit. Mich nicht sehen bezogen auf meine überhöhten Ideale. Mich nicht sehen in dem, was ich in den Augen anderer sein sollte oder was ich meine, in den Augen anderer sein zu sollen. Sondern sich bemühen, den in den Blick zu bekommen, der ich bin. Den Mut haben, hinzuschauen und zu sagen: Der bin ich – nicht größer und nicht kleiner, nicht begabter und nicht unbegabter.

Wenn man 40 wird und etwas älter, kann es sein, dass man ziemlich enttäuscht ist von dem, was man geworden ist. Nicht unbedingt in dem, was man gesellschaftlich erreicht hat, sondern als Mensch. Man sagt sich: Das war's? Da hatte ich mir eigentlich mehr vorgestellt. Größeres. Dann zu sagen: So ist es. So bist du, so durchschnittlich. Das kann wehtun.

Allerdings gehört notwendig zur Demut, dass man auch seine Stärken wahrnimmt. Das kann ich, das ist gut. Dafür bin ich dankbar. Beides eben. Es wäre gut, ich käme dahin zu sagen: Das ist meine Schwäche. Hier ist mein Dunkel. Hier sind meine Fragen. Hier sind meine Verwundungen. Das gehört zu mir. Das gehört zu meinem Leben. Das bin ich. Und dazu stehe ich. Das ist Demut.

Das Fundament unseres Glaubens

Ich meine, dass sei das Fundament unseres Glaubens, sich so ehrlich sehen zu lernen. Und dann, sich so Gott überlassen, so aufrichtig, so ehrlich. „Herr, so bin ich. Hier bin ich. Hier bin ich in meiner Wirklichkeit und nicht ein Schemen von mir. So möchte ich mich dir anvertrauen, mich ganz und wahr.

Genau das konnte ich nicht. Das hatte mich die Sterbebegleitung gelehrt. Meine Frage war, wie komme ich dahin?

Ich habe damals wieder und neu über Jesus nachgedacht. Jesus ist mir von der Erstkommunion-Vorbereitung an, spätestens da, sehr lebendig gewesen. Eigentlich war er mir immer nah. Es hat mich sehr verunsichert, als ich wahrnahm, dass die vermeintliche Nähe nicht tragfähig war; jedenfalls konnte ich mich ihm nicht überlassen. Ich habe damals viel nachgedacht und immer wieder auf Christus geschaut, wie die Evangelien ihn uns vor Augen stellen. Ich sah immer deutlicher, dass das von ihm vermittelte Gottesbild anders war als das, was ich von Kindheit an verinnerlicht hatte.

Ich hatte gute Eltern und ich bin ihnen dankbar. Sie haben mir vieles ermöglicht, mir viel Schönes erschlossen. Aber wie alle Menschen hatten auch sie Belastendes. Auch das haben sie an mich weitergegeben. Eine Hypothek, unter der mein Vater litt und die er unbewusst an mich weitergegeben hat, war ein strenger Gott, vor dem wir im Gericht nur schwer bestehen können. Diese Strenge war stark verbunden mit Sexualität. Wenn es um Sexualität ging, handelte es sich eigentlich immer um schwere Sünde. Einem Gott, der mir so Schweres auferlegt, dem konnte ich nicht vertrauen. Manchmal hatte ich Zeiten, in denen ich dachte: Was ist da so schlimm, wenn man die Augen zumacht und nicht mehr aufwacht? Einfach nicht mehr da ist. Das ist besser, als vor dem Gericht zu stehen und dann eventuell in die Hölle zu kommen. Das ist kein Gedanke, der hilfreich ist.

Ich weiß noch, dass mein Vater von einem Männerabend aus der Kirche sehr aufgeregt zurückkam. Dort war gesagt worden, wenn ein Mensch eine schwere Sünde begeht, dann geht die Gnade Gottes an ihm vorbei. Normalerweise stehen wir im Strom der Gnade. Gott liebt uns und wir werden getragen von seiner Gnade. Haben wir aber eine schwere Sünde getan, dann geht der Strom der Gnade an uns vorbei.

Das ist Unsinn. Das ist ganz und gar unmöglich. Wir könnten gar nicht mehr umkehren zu Gott. Umkehr ist ja Gnade. Wir könnten gar nicht mehr beten. Beten können ist ja Gnade. Wir bleiben immer in der Gnade.

Jesus wollte mit seinem Reden, Tun und Sein den Menschen nahebringen: Gott ist immer bei euch. Er ist gut zu euch. Seid ihr nicht so hart zu euch! Verurteilt euch nicht! Gott steht an eurer Seite. Er geht mit euch. Das ist manchmal schwer zu begreifen. Petrus hat das nur langsam verstanden. Immer wieder hat er gedacht: Ich muss doch was tun für ihn. Der Herr hat versucht, Petrus beizubringen, dass etwas anderes ihn trägt als seine eigene Stärke. Im Abendmahlssaal sagte Petrus noch: „Herr, ich hau dich raus, hier ist ein Schwert." Und: „Ich geh mit dir ins Gefängnis." Immer hatte er das Gefühl: Ich muss was für den Herrn tun. Bis er dann nach der Verleugnung erlebte, als Jesus über den Hof geführt wurde und ihn anschaute: Was mein Leben trägt, ist seine unendliche Güte und Vergebungsbereitschaft.

Liebe hält uns am Leben

Ist das nicht zutiefst wahr? Ist nicht die Liebe das, was uns am Leben erhält? All das, was wir gratis bekommen. Ich lebe aus Gnade. Meine Eltern haben mir mein Leben geschenkt. Ich wäre sonst gar nicht. Alles, was wir an Liebe, an Güte, an Verstehen in unserem Leben erlebt haben, wurde uns gratis gegeben. Aufgrund dieser Erfahrungen können wir ahnen, was Gnade meint. Gott ist gnädig. Dieser gnädige Gott begleitet uns unser Leben lang.

Jesus möchte, dass wir das verstehen. In allem, was er sagte, in allem, wie er Menschen begegnete, versuchte er das zu verdeutlichen: Gott ist euer guter Vater, er ist voller Erbarmen und Güte. Petrus lebte er es vor, aber auch Zachäus machte er es verständlich oder dem blinden Bettler Bartimäus, dem er die Frage stellte: „Was soll ich für dich tun?"

Das ist die Frage, die Jesus auch uns stellt: „Was soll ich für dich tun?" Es ist gar nicht leicht, darauf zu antworten, wenn ich nicht oberflächlich antworten will, sondern aus der Tiefe meines Wesens. Heute würde ich sagen: „Herr, gib, dass ich mich lassen kann, mich dir überlassen kann."

Jesus hat die Verkündigung des barmherzigen Gottes, der sich auch des Sünders erbarmt, mit seinem Leben bezahlt. Das Gottesbild der meisten Pharisäer war anders. Sie fanden es unerträglich, dass Gott dem Menschen nachläuft wie ein Hirt seinem verlorenen Schaf. Der Mensch hat sich Gott zuzuwenden und Buße zu tun und um Vergebung zu bitten. Nur so kann er auf Vergebung hoffen.

Jesus stellte seine wunderbaren Gleichnisse vom Verlorenen dagegen, vom verlorenen Schaf, von der verlorenen Drachme und vom verlorenen Sohn. Es ist so, auch wenn es nicht zu begreifen ist, Gott läuft dem Menschen nach. Er bittet ihn, sich ihm wiederzuzukehren, ihm sein Vertrauen zu schenken. Gott wirbt um uns. Er tut das so konsequent, dass er sein Leben dabei drangibt. Was ist denn das Kreuz anderes als die letzte Möglichkeit, uns zu zeigen: Ich möchte alle eure Wege mit euch gehen. Ich werde alle eure Wege mit euch gehen. Ich bin Jahwe, der, der mit euch geht, der immer da ist.

Bis Jesus kam, wussten wir nicht, mit welcher Konsequenz Gott unseren Weg mitgeht. Jetzt wissen wir, er geht mit uns ins Leiden und geht mit uns in den Tod. Wir können aus Gottes Hand nicht fallen. Immer wieder habe ich mir damals Gedanken darüber gemacht. Immer wieder versuchte ich, auf die Botschaft Jesu zu hören, um sie mehr und mehr zu verstehen. Immer wieder stellte ich mir die Szenen des Lebens Jesu vor, versuchte mich hineinzufühlen. Ich erkannte, Jesus offenbart Gott mit jeder Szene seines Lebens. Immer offenbart er Gott, seinen Vater.

Wenn wir auf die Szene schauen, wie er den Jüngern die Füße wäscht, dann sollen und können wir darin Gott erkennen. Und wenn wir sehen, wie Jesus Kranke heilt, dann ist es Gott, der unser Heil-sein will. Und wenn wir erleben, wie er Sünden vergibt, dann weist er auf den Vater hin, dessen Erbarmen ohne Maß ist. Jesus sagt den Staunen erregenden Satz: „Wer mich sieht, sieht den Vater." Das ist der Grundsatz des christlichen Glaubens. Das zu erkennen, war ein ganz wesentlicher Punkt, um Vertrauen zu lernen. „Ja, Jesus, dir kann ich glauben, dass du die Ikone des Vaters bist, dir kann ich vertrauen. Lehre mich ein immer tieferes Vertrauen!"

Beten als Schlüssel zum Vertrauen

Das Zweite war das Gebet. Ich glaube, dass das Gebet der Schlüssel ist, der einem das Loslassen erschließt. Ich meine nicht ein Gebet mit vielen Worten, ich meine Gebet als den Versuch, sich hinzugeben: „Herr, du bist da und ich bin da und ich möchte mich auf dich hin lassen." Und immer wieder möchte ich es wiederholen: Gott ist treu. Er geht mit uns. Er geht immer mit uns. Seien auch wir treu. Versuchen wir, uns jeden Tag aufs Neue ihm zu überlassen, indem wir still bei ihm sind; er ist ja immer gegenwärtig. Halten wir die liebende Aufmerksamkeit des Herzens auf ihn gerichtet. Zu Beginn kann man ihn ansprechen: „Herr, du bist da. Ich will mich dir anvertrauen." Wenn man das Woche um Woche und Monat um Monat und Jahr um Jahr tut, dann wächst Vertrauen, das kann ich Ihnen aus Erfahrung sagen. Es wächst langsam, aber stetig, fast unbemerkt. Eines Tages werden Sie feststellen, es ist etwas anders geworden. Es ist ein Friede in mir, den ich so früher nicht kannte. Das ist gut. Vertrauen gebiert diesen Frieden des Herzens.

Was ist Umkehr? Hinkehr! Von mir weg? Nein. Die Hinkehr meiner ganzen Person zu dem lebendigen und mich liebenden Gott. Dort kann ich mich lassen, ganz. Bei ihm bin ich ganz aufgehoben. Ich muss nicht mehr weiter um mich kreisen, muss mein Leben nicht immer nur von mir her denken, entwerfen, gestalten. Gott möchte, dass der Mensch aus der Drehung um sich selbst herauskommt. Der heilige Franziskus hat einmal ungefähr so gesagt: „Was ist die wahre Demut? Demut ist, sich aus dem Blick verlieren und sich freuen an dem Anblick des lebendigen Gottes." Das ist Umkehr: mich aus dem Blick verlieren und mich an Gott freuen.

Ein Mensch kann sich nur als ganze Person Gott überantworten. Dazu gehört unbedingt auch sein Schatten. In der Psychologie Karl-Gustav Jungs sind damit alle Lebensimpulse, die in uns leben möchten, die aber nicht zum Leben kommen, gemeint. Das kann vieles sein. Das können Wünsche sein, die nicht erfüllt werden, unerfüllte Sehnsüchte. Es können Zumutungen im Leben sein, über die ich einfach nicht wegkomme. Es können Verletzungen sein, die ich nicht annehmen kann.

Ich meine, zur Umkehr gehört auch, dass ich mit viel Geduld zu mir selbst mein Ja sagen lerne, zu meinem Leben, so wie es geworden ist. Zu meiner ganzen Wirklichkeit, zu der eben auch mein Schatten gehört. Es wird dann wieder Licht in mein Leben kommen. Aber ich gebe zu, das Jasagen kann schwer sein. Manchmal bleibt kein anderer Weg, als von Gott zu erbitten, er möge es mir ermöglichen. Zu deutlich ist das Gefühl, das kann ich nicht, hier bin ich nicht frei, hier habe ich die nötige Kraft nicht. Wenn Sie an solchen Grenzen stehen, dann muss einen das nicht verzweifeln lassen. Versuchen Sie vielmehr, Gott zu bitten, er möge Ihnen die Kraft geben, an dieser Grenze auszuhalten, um dabei zu jenem Vertrauen zu gelangen, in dem ich mich loslassen kann in Gottes gute Hände.

Zum Schluss: Was ist Sünde? Mangel an Vertrauen, würde ich sagen. Der Mangel an Vertrauen, mich in Gottes Hand zu geben. Wir leben alle, mehr oder weniger, in der Sünde. Dieses große Vertrauen haben die allerwenigsten, dass sie sich ganz Gott überlassen könnten. Ich sehne mich danach, weil ich denke: Wie wunderbar muss das sein, ohne jeden Rest von Sündenverfangenheit zu leben. Dann ist man ja fast frei wie ein Vogel. Diese Freiheit möchte Gott uns schenken. Von Sünde frei zu sein heißt, überhaupt frei zu sein, heißt froh zu sein, heißt im inneren Frieden zu sein.

Ich wünsche Ihnen Vertrauen, das Fundament und Quelle dieser Gnaden ist. Bei jeder heiligen Messe können Sie das einüben, bei jeder Gabenbereitung. Ihre kleine Hostie in die Schale legen und mit der Hostie sich verbinden mit dem ganzen Leben. Sich im Geist auf die Patene legen und bitten: „Herr, nimm mich an! Verwandle mich und lass mich einmal der Mensch werden, den du in deiner Liebe gemeint hast, als du mich schufst!"

Abba – du wunderbarer Gott

Warum auch wir Gott Vater nennen dürfen

Pfarrer Felix Evers

Drei Erlebnisse möchte ich an den Anfang unserer Überlegungen stellen. Das erste ist ein Erlebnis, dass ich als Kaplan in Rostock hatte. Ich bin 1971 in Kiel geboren und habe in Frankfurt am Main studiert. Nach der Priesterweihe bin ich erst einmal nach Mecklenburg gekommen und dort war die erste Kaplanstelle in Rostock, in der Christuskirche.

Eine 90-jährige Frau bat mich in dieser Zeit, mit ihr über den Tod zu sprechen. Sie fragte mich: „Wie wird es sein, Herr Kaplan, wenn ich einmal sterben muss?" Ich habe ihr gesagt: „Es wird wunderschön werden. Wenn wir das Evangelium ernst nehmen und darin sehen, wie Jesus den Menschen begegnet, dann kann ich mir nicht mehr vorstellen, dass er uns am Lebensende anders begegnet, als es dort geschrieben steht."

Die alte Frau war so selig, dass sie mich umarmte und sagte: „Warum hat mir das 70 Jahre lang keiner gesagt?" Womit sie ausdrücken wollte, dass sie eher in eine andere Richtung mit Angst, Schuld und Schamgefühlen auf den Augenblick hingelebt hat – auch durch die Kirche bewirkt.

Ein zweites Erlebnis habe ich in Eutin gehabt, wo ich meine zweite Kaplanstelle hatte. Ein evangelischer Pastor schrieb mir zu Weihnachten: „Durch unsere gemeinsamen Glaubensgespräche ist mir das Evangelium in seiner ganzen Schönheit neu bewusst geworden."

Wenn das ein Protestant sagt, ein Pastor, der 60 Jahre alt ist, dann hat mich das sehr bewegt, denn sein Lebensinhalt ist die Frohe Botschaft – das wissen wir von unseren Schwestern und Brüdern der evangelischen Kirche. Die Verkündigung des Wortes – und darüber haben wir uns in den Jahren, in denen ich da war, ganz oft unterhalten – bereichert uns gegenseitig. Das war der schönste Brief, den ich bisher so in Händen gehalten habe; womit mir deutlich wurde, was Gott so alles bewirkt.

Ein Drittes: die Gespräche mit jungen Menschen, mit Kindern und Jugendlichen, mit denen ich in den letzten Jahren – auch auf Fahrten – sehr viel zu tun hatte. Dazu gehören vor allem die vielen Beichtgespräche mit den jungen Menschen – manchmal vier, fünf Stunden! Das war für mich ein Erlebnis!

Ein Jugendlicher sagte mir: „Danke, dass du mich beschenkt hast mit etwas, das trägt!" Dieses Tragen, finde ich, ist immer der Grund meines Berufes. Da ist einer, der endlich mal zuhört, der Zeit hat, der aufrichtet, der beschenkt mit etwas, das trägt.

Wir sollten Menschen, zumal Kinder und Jugendliche, nicht um Gott betrügen. Sonst entbehren sie etwas, das eben trägt, und erleben auf ihrem Weg immer wieder Löcher und Löcher, in die sie hineinfallen.

Diese Löcher sind bei den Heranwachsenden in der Gegenwart weiß Gott nicht weniger geworden. Im Gegenteil! Was ich in der Schule, im Religionsunterricht – auch als Sozialarbeiter – immer wieder tun durfte, das wird mir mehr und mehr deutlich.

Das waren drei kleine Beispiele, die uns zum Thema hinführen. Das Thema selbst möchte ich an drei Gedanken, an drei Fragen festmachen.

Erste Frage: Wer ist das eigentlich – Gott? An welchen Gott glauben wir überhaupt als Christinnen und Christen? Zweite Frage: Wie lebe ich mit diesem Gott? Das ist die Frage nach meiner persönlichen Frömmigkeit. Dritte Frage: Wie gehen wir miteinander um? Was tun wir als Kirche, als Gemeinde und als große Gemeinschaft der Glaubenden, wenn wir gemeinsam diesen Gott teilen dürfen?

Wer ist das eigentlich - Gott?

Beginnen möchte ich mit dem Gottesbild, weil mir das in allen Gesprächen das größte Anliegen ist. Dazu möchte ich ein aktuelles Erlebnis aus Mölln, wo ich Pfarrer sein darf, berichten. Eine Frau, die bei uns im Kindergarten arbeitet, bat mich: „Bitte nehmen Sie mich mit auf einen Weg des Glaubens! Ich möchte wieder in die katholische Kirche eintreten!" In vielen Gesprächen haben wir über den Glauben und besonders über Gott gesprochen. Und die Frau hat mir dann, als sie wieder in die Kirche aufgenommen wurde, einen Brief geschrieben: „Endlich bin ich von all dieser Angst, die mit Gott zusammenhängt und die mir früher einmal beigebracht wurde, befreit." Es war eine relativ junge Frau. Sie wurde erzogen mit einem Gottesbild, das sie kleingemacht hat. Jetzt kann sie sagen: „Endlich ist der Ballast von meiner Seele weg!"

Darum ist für mich dieser erste Schritt, über Gott zu sprechen, so wichtig. Wenn wir uns in der katholischen Kirche umschauen, dann wird über alles geredet – von A bis Z in Predigten, Vortragsreihen, Abendveranstaltungen –, nur über Gott nicht mehr. Es gibt nur ganz wenige Vorträge, in denen ich etwas über Gott höre.

Mit einem Freund, den ich in Eutin habe – er ist Muslim und arbeitet in einem indischen Restaurant – habe ich über unser Gottesbild gesprochen. Er war so begeistert und sagte: „Schade, dass ich das so noch nicht gehört habe! Der Gott, der gefällt mir. Bis jetzt hat man mir nur von etwas erzählt, das ich nicht verstanden habe."

Auch das ist ein Problem unserer katholischen Kirche: Wir reden – wenn überhaupt – über Gott so unverständlich, dass die Menschen, die eine gesunde Nase haben, sagen: „Lass mich mal damit in Ruhe! Ich habe schon genug Probleme!" Und wenn wir dann noch sagen, alles sei ein Geheimnis, dann brauchen wir uns nicht zu wundern, wenn immer weniger Menschen zu uns kommen und sagen: „Wir wollen bei euch hier mitmachen. Gott begeistert mich." Begeistern kann Gott nur, wenn ich auch einigermaßen verstehe, womit er unser Herz bereichern möchte.

Wer ist Gott? Jesus nennt Gott: Abba, Vater. So beten wir immer wieder im Vaterunser, aber meines Erachtens oft so oberflächlich, dass wir gar nicht darüber staunen, dass wir Gott so anreden dürfen. Sie erinnern sich an das Wort bei Paulus: „Der Geist betet in euch: Abba, lieber Vater." So steht es in der Einheitsübersetzung. Und Jesus betet auf dem Ölberg: „Abba, Vater, lass diesen Kelch an mir vorübergehen."

Das ist damals eine Revolution gewesen, dass Jesus seinen Vater Abba nennt. Bis dahin war Gott ein Bündnisgott. Die Juden sprechen den Gottesnamen JAHWE nicht aus, und zwar aus Ehrfurcht. Dort im Tetragramm steht: JHWH. Da weiß jeder gläubige Jude, dass man „der Herr" sagt.

Aber was hat der Bündnisgott zur Folge gehabt? Etwas, das ich im Glaubensleben fast jedes Katholiken entdecke, natürlich auch bei mir selbst: dass ich belohnt und bestraft werde. Wenn ich mit jemandem einen Bund schließe, dann heißt das: Wenn ich etwas übertrete, werde ich bestraft, wenn ich etwas gut mache, werde ich belohnt. Das lernen unsere Kinder von Geburt an – Gott sei es geklagt.

Gott belohnt oder bestraft – schlimm wäre es, wenn wir so glauben würden. Dagegen hat Jesus gekämpft. Er vermittelt ein anderes Gottesbild. Der erste Johannesbrief fasst es zusammen: „Gott ist die Liebe." Er liebt mich genauso, wie er seinen eigenen Sohn liebt. Ich bin dem Papst sehr dankbar, dass er seine erste Enzyklika so genannt hat: Deus caritas est.

Jesus hat uns einen Gott geoffenbart, den wir uns nicht ausdenken können, so gut ist er. Er nimmt die ganze Welt hinein in seine innergöttliche Liebe. Und diesen Gott dürfen wir Abba nennen – so vertraut liebevoll, wie ein Sohn oder eine Tochter am Anfang des Lebens zum Vater spricht. Er wird mich nie fallen lassen, er liebt mich immer, bedingungslos, ohne Leistung.

Zwei Beispiele mögen das Gesagte verdeutlichen. Im ersten Beispiel kommt der verlorene Sohn zum Vater zurück. Ich hoffe, dass wir die Evangelien so lesen, wie sie dastehen. Da steht nichts davon, dass der Sohn beichten musste, in den Beichtstuhl ging und ein armer kleiner Sünder war. Im griechischen Urtext steht, dass der Vater dem Sohn voller Sehnsucht entgegenrannte. Seine Arme waren ausgebreitet, die ganze Zeit über, als der Sohn weg war. Die Liebe des Vaters bestand für immer und ewig. Und er wartete und wartete und wartete ...

So ist auch Gott. Er sucht mich ein Leben lang, bis zum Tod, und er wird nicht müde. Am Lebensende erleben wir einen Gott, der uns voller Sehnsucht entgegeneilt – wie der Vater, der seinem Sohn voller Sehnsucht entgegenrennt. Was ist das für ein Unterschied zu den Bildern, die uns andere weismachen wollen! Mir genügt das Evangelium, ich lasse mir da nichts einreden.

Das zweite Beispiel ist die Geschichte von der Ehebrecherin. Das Gesetz spricht von Steinigung, Jesus sagt: „Wer ohne Sünde von euch ist, werfe den ersten Stein." Und alle gingen beschämt weg. Jesus verlangt von der Frau keine Beichte, keine Demütigung, kein „Sich-in-den-Staub-Legen". Er richtet sie vielmehr auf, gibt ihr ein Selbstwertgefühl und nennt sie beim Namen. Und dann geht die Frau weg und Jesus sagt: „Jetzt sündige nicht mehr!"

Jesus achtet den Sünder, aber ächtet die Sünde. Sein Zorn richtet sich nie gegen den Menschen, sondern immer gegen das, was er tut, weil seine Handlungen unter Niveau sind. Jesus möchte, dass wir niveauvoll leben, und deshalb will er nicht, dass wir sündigen. Das will heißen: Lebe aus der Liebe, du hast das Zeug dazu, du bist ein Mensch! Du kannst nicht mehr in den Spiegel sehen und den Menschen nicht mehr in die Augen schauen, wenn du dich versündigst, wenn du die Würde missachtest, wenn du Kinder schlägst, wenn du Menschen missbrauchst, ob am Anfang oder am Ende des Lebens.

Mit Blick auf die Schule weise ich gern auf Folgendes hin: Wenn Schüler ihre Noten zurückbekommen und eine Mutter nun doch einmal ausrasten sollte (was es ja geben soll), dann darf sich der Zorn nie gegen das Kind richten, sondern immer gegen die Note. Richtet sich die Wut gegen das Kind, dann meint dieses – und das ist das Schlimmste, was es gibt –, die Liebe und Zuneigung seiner Eltern richte sich nach seiner Leistung.

So ist es auch im Glauben. Gottes Liebe richtet sich nicht nach dem, was wir leisten. Gott liebt bedingungslos, und das müssen wir uns nicht verdienen. Darauf wollte Jesus hinweisen.

Dieser erste Exkurs über das Gottesbild ist so wichtig. Den müssen wir vor jedes Thema christlichen Glaubens stellen. Denn das Gottesbild ist die Mitte des Glaubens. Unser Glaube richtet sich nicht nach der Bibel, er richtet sich nicht nach einem Buch und wir können ihn auch nicht lernen. Wir müssen vielmehr eine Beziehung einüben. Das sagt der Papst am Anfang seiner Enzyklika: Der Grundanfang christlichen Lebens ist nichts, was man lernen kann.

Meine Eltern haben noch den Katechismus lernen müssen. Der wurde ihnen in den Kopf „hineingeschlagen" und darunter leider meine Mutter noch heute – und sie ist erst 67 Jahre! So etwas gibt es immer noch, nicht nur außerhalb des christlichen Glaubens, sondern in der Kirche, von den Kanzeln, in den Predigten usw. Der Katechismus ist nicht die Ausgangsposition des Glaubens. Ausgangspunkt ist eine Beziehung. Gott liebt mich, und wenn ich dazu Ja sage, dann übe ich eine Beziehung ein.

Das ist wie beim Verliebtsein. Das lässt sich nicht auswendig lernen. Da kann man nicht ständig sagen: Jetzt habe ich mein Buch und jetzt nehme ich meine Frau in den Arm und küsse sie. Mit einem Buch in der Hand lässt sich das nicht probieren. Irgendwann sagt ihre Frau: „Ich glaube, mit dir stimmt etwas nicht!"

Gott sagt das jeden Tag zu uns: Ich glaube, mir dir stimmt etwas nicht. Warum lebst du nicht aus meiner Gegenwart? Warum ständig ein Buch, warum ständig eine Bibel, warum ständig ein Gesangbuch, warum ständig ein Rosenkranz, warum ständig das und das? Theresia von Ávila hat nach Jahrzehnten von Leid und Fragen endlich gelernt: Ich brauche nichts zu leisten, Gott ist immer da. Was ist sie in die Kapellen und Kirchen gerannt, aber was fehlte, das war die Beziehung zu Gott!

Man kann ein Leben lang beten und hat nie mit Gott gelebt. Das ist eine Tragik. Es gibt Menschen, die am Lebensende meinen, sie hätten immer mit Gott gelebt. Und dann werden sie ihm im Todesaugenblick begegnen und er wird ihnen sagen: Schade, dass du nicht mit mir gelebt hast! Du hast dich ständig unter Druck gesetzt, du hast immer gedacht, du machst zu wenig, du leistet zu wenig, du bist zu wenig wert. Hättest du doch endlich einmal gemerkt, dass ich dich liebe. Dann hätte das dein Leben beflügelt!

Das ist der erste Punkt christlichen Glaubens: Glaube Gott, dass er dich liebt! Warum willst du dir das noch verdienen? Ich habe eine Vermutung, woran das liegt: Wir können uns nicht mehr beschenken lassen. Manche rechnen sogar noch an Weihnachten: „Der hat mir das geschenkt, jetzt muss ich ihm das zurückschenken. Dann bin ich fein raus, sonst bin ich ja in seiner Schuld."

Im Glauben, so meinen wir, sind wir dann auch fein raus, wenn wir das so machen. Gott liebt mich, also schenke ich ihm eine Stunde in der Woche Kirchbesuch und am Tag vielleicht noch drei Minuten Gebet. So geht das nicht. Glaube ist nicht aufzurechnen. Wenn Sie Gott zurückzahlen wollten, was er ihnen schenkt, dann wären Sie arm dran. Das werden Sie nie schaffen, und das will Gott auch gar nicht. Theresia von Lisieux sagt: „Gott, wenn ich die Verbrechen der schlimmsten Verbrecher begehen würde, würdest du mich trotzdem lieben."

Wie lebe ich mit diesem Gott?

Da wird es natürlich besonders spannend. Mit diesem Gott zu leben heißt, 24 Stunden – am Tag und in der Nacht – zu wissen, dass er bei mir ist. Dieser Gedanke der Gegenwart Gottes kommt von dem heiligen Nikolaus von der Auferstehung.

Nikolaus war Koch und gleichzeitig Schuhmacher in einem Kloster. Er hatte nicht immer die Möglichkeit, an allen Gebetszeiten teilzunehmen, weil er zwischendurch kochen oder die Schuhe machen musste. Da machte er sich klar, dass Gott immerzu gegenwärtig ist. Und das veränderte seinen Alltag: Wenn irgendein Bruder zu ihm hineinkam, der ihm „stinkig" begegnete, machte er sich bewusst: „Du, Gott, bist jetzt da. Nein, ich werde ihn jetzt nicht beleidigen, sondern freundlich zu ihm sein!"

Wie müssten wir telefonieren, wie müssten wir mit Menschen umgehen, die wir nicht mögen, wenn wir uns immer der Gegenwart Gottes bewusst wären! Wie müssten wir schreiben, morgens aufstehen, zu Mittag essen, zur Kirche gehen, einschlafen, uns versöhnen, wenn wir es immer zu zweit täten – Gott und ich! „Du, Gott, und ich, wir sind immer in der Mehrheit", hat Theresia von Ávila gesagt. Und so hat sie gegen die Männer gekämpft, das können Sie glauben, gegen Päpste, Heilige oder sonst jemanden!

Gott ist immer bei mir, 24 Stunden, rund um die Uhr. Wenn wir uns das sagen, dann teilen wir nicht mehr den Frömmigkeitsbereich und den Alltag voneinander. Darunter leiden viele, die ich kenne: Wie kriege ich Gott dazwischen? Wie schaffe ich es noch zu beten, wenn ich abends so kaputt bin? Wie schaffe ich es, am Sonntag noch zur Kirche zu kommen? Wie entlastend ist es, wenn wir uns sagen: Gott ist immer an meiner Seite – in der Kirche, beim Gebet, während der Arbeit. Alltag und Glaube durchdringen sich.

Bei Gott gibt es kein mehr oder weniger. Gott ist nicht „mehr" bei mir in der heiligen Messe, nicht „mehr" beim Gebet, nicht „mehr" ... Er liebt auch den Papst nicht „mehr" als dich oder mich. Wir Katholiken haben immer so diese Berge als Glaubensweg. Nein, Gott ist immer da, gleich, ob ich es intensiv oder nicht erlebe.

Es ist gut, wenn man weiß: Gott ist immer mit mir auf dem Weg. Wir sind Tag und Nacht zusammen. Und dann gehe ich aus Dankbarkeit zur Kirche, dann bete ich aus Dankbarkeit. Das ist eine ganz andere Haltung, als wenn ich immer meine, ich müsste etwas leisten, damit er da ist, damit ich ein guter Mensch bin oder damit ich in den Himmel komme. In dieser Haltung bin ich ein frommer Mensch, ein Christ.

Dieser Gott, der immer bei mir ist, ist nicht irgendein Gott. Er ist der Gott, in dessen Augen ich wunderbar geschaffen bin, ja, dessen Gedanke ich schon vor der Empfängnis war. So haben wir an Weihnachten (Gotteslob 141,2) gesungen: „Da ich noch nicht geboren war, da bist du mir geboren und hast mich dir zu eigen gar, eh ich dich kannt, erkoren. Eh ich durch deine Hand gemacht, da hast du schon bei dir bedacht, wie du mein wolltest werden" (Paul Gerhardt).

Von diesem Gott werden wir am Ende unseres Lebens auch wieder auferweckt. Wir wissen, dass der Tag erscheinen wird, der uns zur Unsterblichkeit ruft. So wie Gott uns ins Leben gerufen hat, so wird er uns auch vollenden. Gott lässt uns nicht fallen – nicht vor unserer Geburt und nicht nach unserem Tod. So schließt sich unser Lebensweg mit Gott.

Wie gehen wir miteinander um?

Ein dritter Gedanke: Was heißt das bisher Gesagte für unseren Umgang als Kirche mir den Menschen dieser Welt, mit Menschen, die wir als Nichtgläubige antreffen, mit denen, die uns zwischen den Konfessionen oder Religionen begegnen? Was ist unser Beitrag für den Frieden und für die Versöhnung?

Da wird es jetzt ganz konkret. Wir erkennen in jedem Menschen ein Geschöpf Gottes. Jeder ist von Gott genauso geliebt wie wir. Das Christentum ist deswegen eine friedliche Religion, weil wir Christen in keinem Menschen „weniger“ erkennen. Niemand ist in unseren Augen minderwertig. Wie schlimm war die Zeit, als manche meinten, sie wüssten, was „mehr“ oder „minderwertig“ ist und auf wen sie herabgucken könnten. Das hat die katholische Kirche auch getan.

Nein, wir Christen verkünden einen Gott, den wir den Menschen frei geben, weil wir schon längst mit ihm leben. Gott begleitet jeden und wir erkennen in jedem Menschen auf Augenhöhe ein geliebtes Kind Gottes. So geht Gott auch mit den Menschen um – Auge in Auge. Er liebt uns genauso wie seinen Sohn. Und niemand ist von seiner Liebe ausgeschlossen. Und diejenigen, die nie von ihm wissen, die leiden darunter, dass wir sie um ihn betrügen. Darum missionieren wir.

Betrügen wir die Menschen nicht um diesen wunderbaren Gott! Wir wollen ihnen von Gott erzählen, damit sie mit ihm leben können. Ohne Verkündigung wüssten sie von diesem Gott nichts. Diesen Gott können wir uns nicht erträumen. Wir können ihn uns auch nicht ausdenken. Er ist besser als der beste Mensch, den wir kennen. Deswegen sprechen wir auch von ihm.

Ich bin froh, aus jeder Religion Freunde zu haben. Ihnen erzähle ich von Gott, der im Christentum die Liebe ist. Und dann frage ich und streite auch positiv, weil ich weiß: „Du bist ein Kind Gottes. Mit dir zusammen kann man schön streiten, aber ich bekämpfe dich nicht.“

Was für ein Segen, wenn das der iranische Präsident wüsste! Was für ein Segen, wenn das verschiedene Religionsvertreter wüssten, Fundamentalisten aus allen Religionen! Was für ein Segen, wenn man diese Brücke schlagen würde: Erst begegne ich jemandem mit Toleranz und Würde, weil ich weiß, dass Gott ihn genauso liebt wie mich. Und dann kann ich streiten wie Jesus, indem ich den Sünder achte, aber die Sünde ächte.

Ich sage den Juden, dass ich nicht an einen Bündnisgott glauben kann, denn den Glauben kann man sich nicht verdienen. Meinem muslimischen Freund sage ich, dass Gott mehr sein muss: Er muss Beziehung sein, mindestens so wie bei uns eine Familie als gelingendes Miteinander. Und dann kann man ins Gespräch kommen und merkt plötzlich, wie man sich gegenseitig bereichert. Aber das geht nur auf Augenhöhe!

Toleranz richtet sich immer auf den Menschen, nicht auf die Inhalte. Das wird ja im Augenblick so oft verdreht. Ich muss nicht tolerieren, was andere mir erzählen. Gesprächsinhalte kann ich bekämpfen, wenn sie nicht so sind, dass sie der Liebe entsprechen – aber nie den Menschen. Das ist ein Unterschied!

Deswegen bin ich dankbar, dass wir gerade in Mölln – auch fünfzehn Jahre nach dem Brandanschlag – eine Atmosphäre erleben, wo sich die Konfessionen und Religionen auf Augenhöhe begegnen, dass wir Ökumenische Gesprächskreise haben, dass wir spüren: Gott, das ist jemand, der unsere Wege begleitet. Uns trennen keine Barrieren und Mauern voneinander, weil wir wissen: Gott teilt die Welt nicht ein in Gläubige und Ungläubige.

Zum Schluss

Soviel zu den drei Schritten. Mit einer Geschichte, die sich so zugetragen hat, möchte ich schließen: Udo ist ein Jugendlicher. Er kann mit der Kirche nicht viel anfangen, hat aber schon von Gott gehört. Jeden Tag geht er fünf Minuten vor zwölf in die Kirche, die seiner Schule gegenüberliegt. Udo kann nicht beten. Das Einzige, was er Gott sagt, ist: „Du, Gott, hier ist Udo." Das war's!

Eines Tages wird Udo krank, schwer krank. Er kommt ins Krankenhaus und muss eine schwere Operation überstehen. Keiner besucht ihn. Die Eltern sind getrennt und interessieren sich nicht für ihn. Trotzdem ist der Junge ausgeglichen und froh. Kranke, die mit ihm zusammen sind oder zu ihm ins Zimmer kommen, macht er froh und glücklich. Er ist nett zu den Pflegerinnen und Pflegern, nicht so grantig wie die anderen Patienten.

Dann sagt eines Tages der Arzt zu ihm: „Ich weiß gar nicht, warum Sie immer so freundlich sind. Von jungen Menschen in Ihrem Alter bin ich das gar nicht gewöhnt." – Darauf antwortet Udo: „Das liegt an meinem Besuch." – Der Arzt: „Wieso? Sie kriegen doch gar keinen Besuch." – „Doch", erwidert der Junge, „immer fünf vor zwölf. Dann geht die Tür auf. Und dann kommt Gott zu mir und sagt: ‚Du, Udo, hier ist Gott'!"

Das ist christlicher Glaube: Gott und ich, wir sind immer zu zweit!

Die Heilige Schrift, das Wort Gottes – ein Buch mit sieben Siegeln oder Hilfe für das Leben?

Impulse und Beispiele gelingender Bibelkurse

Pastor Dr. Jens-Martin Kruse

1. Einleitung – „Verstehst du auch, was du liest?"

„Verstehst du auch, was du liest?" (Apg 8,30). Mit dieser Frage überfällt Philippus den äthiopischen Kämmerer, der sich in die Lektüre des Propheten Jesaja vertieft hat. Einigermaßen ratlos fragt der Kämmerer zurück: „Wie kann ich, wenn mich niemand anleitet?" (Apg 8,31). Woraufhin Philippus beginnt, dem Kämmerer das Gelesene auszulegen, indem er das Prophetenwort vom leidenden Gottesknecht (Jes 53) auf den gekreuzigten und auferstandenen Jesus Christus bezieht.

Ähnlich ratlos wie jener Kämmerer aus Äthiopien in der Apostelgeschichte stehen auch heute viele Zeitgenossen vor der Heiligen Schrift, überzeugte Christen nicht weniger wie kirchenferne Menschen. Das Verstehen der Bibel versteht sich offenbar nicht von selbst. Nicht nur die Vorstellungswelt der Bibel, sondern auch ihre Bedeutung für unser gegenwärtiges Leben ist vielen in unendliche Ferne gerückt, und sie haben den Eindruck, dass – so wie es schon der Prophet Jesaja beschrieben hat – „ ... alle Offenbarungen wie die Worte eines versiegelten Buches sind, das man einem gibt, der lesen kann, und spricht: Lies doch das!, und er spricht: ‚Ich kann nicht, denn es ist versiegelt'; oder das man einem gibt, der nicht lesen kann, und spricht: Lies doch das!, und er spricht: ‚Ich kann nicht lesen'" (Jes 29,11f.).

Auch die etablierten Methoden historisch-kritischer Bibelauslegung, die in der theologischen Wissenschaft in den letzten 200 Jahren entwickelt worden sind, um hier Abhilfe zu schaffen, öffnen nicht mehr recht die Tür zum Verstehen der Heiligen Schrift. Zwar gelangen wir zu immer differenzierteren Erkenntnissen über den geschichtlichen Charakter und die verschiedenen Überlieferungsschichten der biblischen Zeugnisse. „Nur“, und darauf hat bereits Dietrich Bonhoeffer (1906–1945) hingewiesen, „ist dies nicht der Gebrauch, der das Wesen der Bibel erschließt, sondern nur ihre Oberfläche.“

Was bei den historisch-kritischen Bemühungen auf der Strecke bleibt, ist die Kunst, die Bibel existenziell zu lesen. Dabei geht es um eine Schriftlektüre, die Wege freilegt und Türen öffnet, „die eine Einkehr in das Leben dieser Texte ermöglichen. Denn biblische Texte sind existentiale Orte, an denen man [...] sich aufhalten, hin und her gehen, Heimat gewinnen kann. Und in solcher durch das Leben der biblischen Texte gewährten Heimat beginnt man zu staunen über die in diesen Texten immer wieder aufleuchtende [...] Wahrheit des Evangeliums“ (Eberhard Jüngel). Denn die Heilige Schrift steht nicht im Präteritum historischer Dokumente, sondern im Präsens der Gegenwart dessen, von dem die Texte reden – nämlich von dem Gott, der uns in seinem Sohn Jesus Christus gezeigt hat, dass er uns unsere Sünden vergibt und uns gnädig annimmt.

Darum liest man die Heilige Schrift nicht zur Information, sondern zur Erbauung. Moderner gesagt: „Die Heilige Schrift fördert nicht die historische Erkenntnis, sondern nährt unsere Spiritualität“ (Martin Nicol, Alexander Deeg).

Wie aber erschließt sich das Wesen der Heiligen Schrift, ihre „claritas interna“? Wie kann ein solches, das eigene Leben deutende und verändernde Lesen, Hören und Verstehen der Heiligen Schrift möglich werden? Dies scheint mir die eigentliche und entscheidende Frage zu sein, die in der Themenstellung dieses Beitrages angelegt ist: „Die Heilige Schrift, das Wort Gottes – ein Buch mit sieben Siegeln oder Hilfe für das Leben?“ In der Alternative, die mit diesen beiden Erfahrungen mit der Bibel angedeutet wird, verbirgt sich die für unseren Glauben grundlegende Frage, ob und wie es heute möglich ist, dass uns im Wort der Heiligen Schrift der lebendige Gott begegnet und wir merken, dass die biblischen Geschichten keine historischen Berichte sind, sondern von uns erzählen und unser Leben von den Texten dieses Buches ausgelegt wird und wir dadurch so verändert werden, dass es auch von uns heißen kann, was die Bibel nach der Begegnung mit Philippus vom Kämmerer aus Äthiopien berichtet: „Er aber zog seine Straße fröhlich" (Apg 8,39). Denn das ist die Verheißung, unter der das Hören und Lesen der Heiligen Schrift steht.

Ich möchte Ihnen im Folgenden zwei Beispiele gelingender Bibellektüre vorstellen, die von dem Weg erzählen, der von der Ratlosigkeit zum Verstehen der Heiligen Schrift führt, und die daher unser eigenes Bemühen anleiten können. Das eine Beispiel stammt aus der Tradition. Dabei geht es um die reformatorische Entdeckung Martin Luthers (1483–1546), die eben nicht das Ergebnis historischer Studien war, sondern Ausdruck eines unablässigen Befragens der Heiligen Schrift, wie es für die Kunst der Meditation kennzeichnend ist.

Das andere Beispiel ist der Bibel selbst entnommen. Es handelt sich um die Geschichte der Begegnung zwischen dem Kämmerer aus Äthiopien und Philippus, die am Anfang bereits kurz erwähnt wurde. Sie ist – so hat es der Kirchenvater Hieronymus ausgedrückt – eine Schlüsselgeschichte für die Kunst des Bibellesens.

Beginnen möchte ich aber mit einem eher systematisch-theologischen Abschnitt, in dem ich kurz auf die Regeln zum Schriftgebrauch eingehe, die Martin Luther im Jahre 1539 in der Vorrede zum ersten Band seiner deutschen Schriften dargelegt hat. Denn Luther entwickelt in diesem Text eine Anleitung zu einem geistlichen Gebrauch der Heiligen Schrift, die – obwohl sie über viereinhalb Jahrhunderte alt ist – möglicherweise unserer Gegenwart und unserem Bemühen um das Verstehen der Heiligen Schrift innovative Impulse geben kann und die für mich die Glaubenshaltung beschreibt, in der ich die Heilige Schrift lese.

2. Luthers Anleitung zum geistlichen Gebrauch der Heiligen Schrift – „Oratio, meditatio, tentatio"

Luther entwickelt in dieser Vorrede die Regeln zum geistlichen Schriftgebrauch anhand der drei Leitbegriffe „oratio", „meditatio" und „tentatio" – zu Deutsch: „Gebet", „Bibelbetrachtung" und „Anfechtung", die er alle drei aus dem Psalm 119 entnimmt.

(1) Es mag überraschen und entspricht vermutlich nicht unseren Lesegewohnheiten, aber an den Anfang aller Bemühungen um die Heilige Schrift stellt Luther als erste Regel die „oratio“ – das „Gebet“. Denn das Gebet zeigt die Dimension an, in der die Bibel verstehbar wird. Andere Bücher sind der Vernunft zugänglich. Die Bibel aber kann man nicht lesen wie ein anderes Buch, denn nur sie redet vom ewigen Leben. Um sie zu verstehen, bedarf es daher des erleuchtenden Wirkens des Heiligen Geistes. Darum gehört für Luther zum Bibellesen das Gebet dazu und er rät uns: „Knie nieder in deinem Kämmerlein und bitte mit rechter Demut und Ernst zu Gott, dass er dir durch seinen lieben Sohn wolle seinen Heiligen Geist geben, der dich erleuchte, leite und Verstand gebe.“

(2) Dem betenden Menschen gibt Luther in der zweiten Regel die Anweisung zu meditieren und beschreibt dabei zugleich präzise, was Meditation ist: nämlich „nicht allein im Herzen, sondern auch äußerlich die mündliche Rede und buchstäbliche Worte im Buch immer treiben und reiben, lesen und wiederlesen, mit fleißigem Aufmerken und Nachdenken, was der Heilige Geist damit meinet [...] Denn Gott will dir seinen Geist nicht geben ohne das äußere Wort. Da richte dich nach, denn er hat es nicht vergeblich befohlen, äußerlich zu schreiben, predigen, lesen, hören, singen, sagen etc.“

Indem Luther die Meditation als zweite, die Oratio voraussetzende und fortführende Regel vorstellt, macht er deutlich: Die Meditation wird als eine Weise des Gebetes verstanden, in der der Mensch bittet, dass Gott ihm sein Wort sagen möge, und Gott im Medium der Schrift zum Menschen spricht.

Luther hat also einen betenden Umgang mit der Heiligen Schrift vor Augen, den er in seiner Anweisung zur Meditation weiter konkretisiert: Du sollst die Worte der Heiligen Schrift „immer treiben und reiben, lesen und wiederlesen, mit fleißigem Aufmerken und Nachdenken, was der Heilige Geist meint“.

Zum Merkmal des von außen kommenden Wortes Gottes tritt für Luthers Meditationsbegriff das Merkmal der Wiederholung. Luther geht es dabei um ein stetes, geduldiges Wiederholen der gleichen biblischen Worte unter Aufbietung und Einsatz aller Aufmerksamkeit, damit es zum Verkosten des Textes von innen her kommen kann und er sich als lebendiges Wort Gottes erschließt. Ein solcher

Reifungsprozess benötigt Zeit. Wer meint, schnell verstanden zu haben, wird „kein besonderer Theologe“, sondern gleicht dem „unzeitigen Obst, das abfället, ehe es halb reif wird“.

(3) Im ständigen „Lesen und Wiederlesen“ der Heiligen Schrift geht es darum, Gottes Wort im eigenen Leben Gestalt werden zu lassen. Die Dynamik dieser Gestaltwerdung beschreibt Luther in der dritten Regel, die die Anfechtung betrifft. Die Anfechtung durchstößt das bloße Wissen und Verstehen, indem sie die Erkenntnisse, die beim Schriftstudium gewonnen wurden, in der Erfahrung, im gelebten Glauben befestigt. Diese Erfahrung besteht nicht etwa nur in Angst und Bedrängnis, wie man vielleicht beim Begriff „Anfechtung“ meinen könnte, sondern ebenso darin, dass Angst und Bedrängnis sich im Getröstetsein lösen. Im Alltag dieser Welt bewährt sich all das, was sich im betenden und meditierenden Lesen der Heiligen Schrift an Wissen, Erkennen und Verstehen Gottes erschlossen hat.

Deshalb kann Luther die Anfechtung als den „Prüfstein“ bezeichnen, der „dich lehret nicht allein wissen und verstehen, sondern auch erfahren, wie recht, wie wahrhaftig, wie süß, wie lieblich, wie mächtig, wie tröstlich Gottes Wort sei, Weisheit über alle Weisheit“. Die Anfechtung ist für Luther nicht der Prüfstein der Echtheit des Glaubens. Sie ist vielmehr der Prüfstein des Wortes Gottes, das in der Anfechtung und gegen sie seine Glaubwürdigkeit und Macht erweist, sodass der Bibelleser seine Straße fröhlich und getröstet zieht.

Mit seinen drei Regeln gibt Luther uns eine Anleitung zum geistlichen Gebrauch der Heiligen Schrift, mit deren Hilfe der geduldige und beharrliche Leser nicht nur Gottes Wort erkennt, sondern von ihm getroffen und zu seinem Empfänger gemacht wird. Dass sich mit diesen drei Regeln der „oratio“, „meditatio“ und „tentatio“ tatsächlich ein geistlicher Zugang zum Verständnis der Heiligen Schrift eröffnen kann, möchte ich nun an Luther selbst als erstem Beispiel aufzeigen.

3. Luther als exemplarischer Bibelleser

Kurz vor seinem Tod im Jahre 1546 hat Luther – in der Vorrede zum ersten Band seiner lateinischen Werke – einen Text verfasst, der unter dem Namen „Luthers Selbstzeugnis" sehr berühmt geworden ist. Denn Luther blickt in diesem Text von 1545 auf die Anfänge seiner reformatorischen Entdeckung zurück. Doch bei diesem Abschnitt, in dem Luther beschreibt, wie ihm der Sinn des Begriffs „Gerechtigkeit Gottes" aufgegangen ist, geht es ihm um weit mehr als nur um einen Selbstbericht. Es geht Luther „um die exemplarische Darstellung all der Bibelleser, die mit nichts weniger als der Hoffnung auf das Heil mit dem Text ringen, leidenschaftlich anklopfen und darauf hoffen, dass eine Tür des Verstehens, dass das Tor zum Paradies, zu wahrem Leben, sich öffnet" (Bernhard Lose).

Am Anfang des Textes beschreibt Luther zunächst seine Schwierigkeiten mit der Heiligen Schrift und damit den Grund seiner Anfechtungen: Er ist es gewohnt, den Satz des Apostels Paulus im Römerbrief: „Denn darin – sprich im Evangelium – wird die Gerechtigkeit Gottes offenbart" (Röm 1,17) als Offenbarung der Gerechtigkeit Gottes zu verstehen, mit der Gott den Sünder straft.

Nun findet Luther aber bei sich trotz seines tadelfreien Lebenswandels als Mönch keine Sündlosigkeit und gewinnt deshalb auch keine Gewissheit im Glauben. Infolgedessen beginnt Luther mit Gott zu hadern – als ob es nicht hinreiche, dass im Gesetz die strafende Gerechtigkeit Gottes offenbar werde, wird sie nun auch noch im Evangelium verkündigt – also dort, wo Luther die Botschaft von der Vergebung der Sünden erwartete. „So raste ich", schreibt Luther in seinem Selbstzeugnis, „wilden und wirren Gewissens; dennoch klopfte ich beharrlich an eben diese Stelle bei Paulus an mit glühend heißem Durst, zu erfahren, was St. Paulus wolle."

Luther beschreibt sich hier selbst als den unablässig anklopfenden und fragenden Bibelleser. Es ist die exemplarische Situation des angefochtenen Bibellesers. In dem, was Luther berichtet, zeigen sich seine drei Regeln des geistlichen Gebrauchs der Heiligen Schrift.

Mit glühend heißem Durst, sagt Luther, klopft er an. Damit ist die Situation der „oratio", des Gebetes, angedeutet. Denn das „Anklopfen" ist eine Anspielung auf das Wort aus dem Lukasevangelium, wo Jesus zu seinen Jüngern über das Gebet sagt: „Bittet, so wird euch gegeben, suchet, so werdet ihr finden, klopfet an, so wird euch aufgetan" (Lk 11,9). Die „tentatio" scheint auf im Verweis auf die Anfechtung, die Luther daraus erwächst, dass er das Evangelium als Gesetz versteht. Und die „meditatio" zeigt sich in Luthers unablässigem Befragen der Bibelstelle von Röm 1,17. Gleich im folgenden Satz bezeichnet Luther sich selbst als „meditabundus dies et noctes" und nimmt damit zugleich für die eigene Situation das unablässige Meditieren der Heiligen Schrift durch den Frommen aus Psalm 1 zum Vorbild, wo der gepriesen wird, der „Lust hat am Gesetz des Herrn und sinnt über seinem Gesetz Tag und Nacht" (Ps 1,2).

Und das Anklopfen Luthers hat Erfolg. Luther erkennt, dass mit der Gerechtigkeit Gottes die Gerechtigkeit gemeint ist, die Gott dem Menschen schenkt, und eben nicht die Gerechtigkeit, in der Gott den Sünder richtet. Wieder verwendet Luther das Bild der sich öffnenden Tür, um zu beschreiben, was ihm aufgegangen ist: „Da hatte ich das Empfinden, ich sei geradezu von Neuem geboren und durch geöffnete Tore in das Paradies eingetreten." Die Tür tut sich auf. Die Offenbarung der „Gerechtigkeit Gottes" erschließt sich als Evangelium, als Frohe Botschaft, und nicht mehr als Gesetz. Und das hat Folgen. Luther schreibt: „Da zeigte mir sofort die ganze Schrift ein anderes Gesicht. Ich durchlief die Schrift nach dem Gedächtnis und sammelte entsprechende Vorkommen auch bei anderen Vokabeln: zum Beispiel Werk Gottes, das heißt: was Gott in uns wirkt, Kraft Gottes, durch die er uns kräftig macht, Weisheit Gottes, durch die er uns weise macht, Stärke Gottes, Heil Gottes, Herrlichkeit Gottes."

Luther behauptet, nicht nur eine Bibelstelle verstanden zu haben, sondern die ganze Heilige Schrift. Das Erfassen des Evangeliums wird zum hermeneutischen Schlüssel, und folglich zeigt die Schrift insgesamt ein anderes Gesicht. Sie erweist sich insgesamt und in allen ihren Teilen als Zeugnis für den schenkenden Gott.

Der in der beschriebenen Weise meditierte Bibeltext führt Luther noch einen Schritt weiter. Er versteht nicht nur, wie er das Evangelium zu deuten hat und was der Terminus „Gerechtigkeit Gottes" im Sprachgebrauch des Apostels Paulus zu sagen hat. Luther erfährt, indem er dies versteht, selbst die befreiende und froh machende Kraft des Evangeliums – ihm ist, schreibt er, als seien ihm die Türen des Paradieses aufgegangen.

Luther wird, indem er versteht, was der Terminus „Gerechtigkeit Gottes“ in der Heiligen Schrift besagt, gleichzeitig zum Empfänger eben dieser Gerechtigkeit und damit zum Glaubenden. Luther versteht also nicht oder nicht nur intellektuell, sondern er wird in die Bewegung Gottes auf den Menschen zu einbezogen und durch sie zum Empfänger der Wahrheit des Evangeliums. Der Text der Heiligen Schrift wird zum Medium seines Inhaltes und schafft Glauben.

Das Beispiel des Bibellesers Luther zeigt, dass sich die Heilige Schrift nicht durch ihr Alter oder ihre verifizierbare Unfehlbarkeit als Wort Gottes ausweist, sondern dadurch, dass sich die biblischen Texte dem hingebungsvollen und intensiv fragenden und anklopfenden Leser selbst als Reden, als Ort der Offenbarung Gottes erschließen – „als der Ort also, an dem das Evangelium Wirklichkeit wird, indem das Schenken Gottes“ (Notger Flenczka) und das Empfangen des Menschen sich vollzieht.

„Beachte“, sagt Luther darum, wenn du die Heilige Schrift liest, „dass die Kraft der Schrift die ist: sie wird nicht in den gewandelt, der sie studiert, sondern sie verwandelt den, der sie liebt, in sich und ihre Kräfte hinein.“

4. Mit dem Kämmerer aus Äthiopien auf dem Weg zur Kunst des Bibellesens

Haben wir uns mit Luthers Regeln in die Glaubenshaltung zum geistlichen Lesen und Verstehen der Heiligen Schrift eingeübt, so möchte ich nun mit Ihnen noch einen vertiefenden Schritt gehen, indem wir einen biblischen Text – und zwar die Geschichte von der Begegnung zwischen dem Kämmerer und Philippus – meditieren und daraufhin befragen, welche Anleitung zum Bibellesen er uns gibt.

Dass sich einem die Heilige Schrift öffnet, dass sie das Herz anrührt, sodass man zum Glauben findet und damit eben zu jener fröhlichen Zufriedenheit, mit der der Kämmerer schließlich seine Wege geht – das kann man nicht machen. Da ist selbst der mächtige Finanzminister aus dem Kabinett der Königen von Äthiopien am Ende seiner Möglichkeiten. Da, wo wir ihn in der Apostelgeschichte kennenlernen, liegt der Frust einer vergeblichen Anstrengung über der Szene. Der Kämmerer liest ein Buch der Bibel und versteht nichts. Alles, was er einbringen kann: seine Bildung, seinen Einfluss, seinen Reichtum – es nützt ihm beim Lesen der Heiligen Schrift nichts.

Und doch findet der Kämmerer schließlich, was er gesucht hat, sodass es von ihm heißen wird: „Er zog aber seine Straße fröhlich" (Apg 8,39). Wie es eben doch noch zu dieser Wendung kommt, das erzählt unsere Geschichte und lässt uns dadurch teilhaben an den Stationen, die diese Wendung markieren. Der Evangelist Lukas, der diese Geschichte überliefert, will, dass wir diese Stationen wahrnehmen, weil es offensichtlich keine beliebigen, keine zufälligen, sondern für den Weg zum Glauben wichtige Stationen sind. Die Geschichte vom Kämmerer aus Äthiopien lässt sich daher gleichsam als eine Anleitung zur Kunst des Bibellesens verstehen.

(1) Am Anfang steht die Begegnung. Philippus kreuzt den Weg des Kämmerers und spricht ihn an: „Verstehst du auch, was du liest?" (Apg 8,30). Der Kämmerer reagiert nun nicht, wie es vielleicht zu erwarten gewesen wäre, mit der empörten Zurückweisung: „Wie kommen Sie dazu, meine Kompetenz in Frage zu stellen?" – damit wäre das Gespräch zu Ende gewesen. Stattdessen traut er sich zu der ehrlichen Gegenfrage: „Wie kann ich, wenn mich nicht jemand anleitet?" (Apg 8,31) und er bittet Philippus, sich neben ihn auf den Reisewagen zu setzen. So entsteht Gemeinschaft zwischen ihnen und es beginnt ein gemeinsames und folgenreiches Ringen um die Botschaft der Heiligen Schrift.

Nun ist es allerdings wichtig zu beachten, dass die Gemeinschaft, die zwischen dem Kämmerer und Philippus entstanden ist, als solche noch nicht die Wendung zum Verstehen der Heiligen Schrift bedeutet. Zwar ist es richtig, dass der Weg zum Glauben und der lebendige Kontakt mit der Bibel kein „Ein-Mann-Unternehmen" sind. Da bedarf es der Ansprache, da braucht es den anderen, die Gemeinde. Aber der Kämmerer findet nicht allein durch die Begegnung mit Philippus einen Zugang zur Heiligen Schrift. Philippus kann nicht mit seiner Person dem anderen „Trost im Leben und Sterben" sein. Nein, die Gemeinschaft der beiden – so wichtig sie ist – , sie braucht ihr Thema, unter dem sich beide finden können.

Dieses Thema erschließt sich im Gespräch der beiden, aber es geht nicht darin auf.

(2) Dieses Thema, das, was dem Kämmerer schließlich zu Herzen geht und ihn zum Glauben führt, ist die Botschaft von der Zuwendung Gottes, so, wie sie vom Propheten Jesaja bezeugt und in Jesus erschienen ist. Philippus setzt ein mit der Schriftstelle, die der Kämmerer gerade gelesen hat (Jes 53,7f.). Sie redet davon, wie Gott sich zu uns auf den Weg gemacht hat. Wie er uns gerade dort sucht und findet, wo uns unser Leben unerträglich ist: im Leiden, in Schuldverstrickung, in Verfolgung, in einem Leben, das ständig überschattet ist von der Macht des Todes. In dem Schriftwort, das Philippus dem Kämmerer auslegt, wird deutlich, dass Gottes hingebungsvolle Liebe soweit reicht, dass er gerade dort, wo kein Mensch, am allerwenigsten wir selbst, uns noch helfen können, an unsere Stelle tritt, unsere Not mit uns teilt, um uns aus den Fängen der Verderbensmächte zu befreien.

Mit dieser Botschaft aus der Bibel setzt Philippus ein, aber er geht dann weiter, und zwar so, dass er nicht bei allgemeinen Worten bleibt, sondern dem Kämmerer die gute Botschaft persönlich zuspricht. Es heißt ja: „und (Philippus) fing mit diesem Wort der Schrift an", und dann: „und predigte ihm das Evangelium von Jesus" (Apg 8,35). Über den Inhalt seines weiterführenden Zeugnisses erfahren wir nichts mehr, aber wir mögen erahnen, was es für den Kämmerer bedeutet zu hören: „Du bist nicht verloren. Gott hat dich bei deinem Namen gerufen und das heißt: Du brauchst dir bei Gott nicht erst einen Namen zu machen, du musst dich vor ihm nicht durch deinen Beruf, deine Karriere, dein Ansehen als wertvoll erweisen. Du bist bereits sein geliebtes Kind."

Im Sterben und Auferstehen Jesu Christi hat Gott endgültig gezeigt, dass er sich in unermesslicher Liebe den Menschen zuwendet, damit sie, die Leidenden, die Zweifelnden, die Fragenden, aber auch die Hoffnungsvollen und Fröhlichen und Lebensstarken, eine Basis zu einem erfüllten Leben unter die Füße bekommen. Das ist die frohe Botschaft des Evangeliums. Dass sie auch ihm gilt, erfährt der Kämmerer im Zeugnis und in der Zusage des Philippus. Mag die menschliche Zuwendung des Philippus irgendwann an ihre Grenzen stoßen, Gottes Zuwendung ist grenzenlos. Er hält Bund und

Treue ewiglich, und darum ist er allein der Trost im Leben und im Sterben . Diese Gewissheit bildet den Grund für erfülltes Leben, den Grund dafür, dass der Kämmerer am Ende der Geschichte fröhlich seine Straße zieht.

(3) Gemeinschaft, Hören auf die Heilige Schrift – eine Station in der Kunst des Bibellesens enthält die Geschichte vom Kämmerer noch, eine letzte, die leicht übersehen wird. Der Kämmerer hätte all das, was Philippus ihm erzählte und bezeugte, hören können. Es hätte ihm im Augenblick des Hörens auch zu Herzen gehen und ihn innerlich beflügeln können – und dann? Was ist morgen? Was ist, wenn die Worte verklungen sind und ihn der Alltag als Finanzminister in Äthiopien wieder eingeholt hat? Sicher, die Worte bleiben auch dann noch wahr, aber werden sie für den Kämmerer auch lebendig bleiben, werden sie seinem Glauben den Grund und seinem Leben Orientierung geben, wenn der Kontakt mit Philippus und mit seiner Auslegung der Heiligen Schrift vorüber ist?

Der Kämmerer scheint das zu ahnen, darum tut er den letzten Schritt, das heißt: Er zieht aus dem Gehörten und Gelesenen die notwendige Konsequenz und spricht: „Siehe, da ist Wasser, was hindert's, dass ich mich taufen lasse?" (Apg 8,36). Dieser Schritt besagt: Der Kämmerer will fortan den Kontakt zu Gott nicht mehr abreißen lassen. Er will, auch über die Entfernungen hinweg, Glied in der Gemeinschaft derer sein, die sich als Gottes geliebte Kinder glauben. Es genügt ihm nicht, das Evangelium einmal gelesen und gehört zu haben. Er will es in Zukunft wieder und wieder lesen und hinhören. Er will jetzt in seinem Leben die Wirkung des Evangeliums erproben. Und genau da, wo das Evangelium ihn so angesprochen hat, dass er bereit wird, Konsequenzen zu ziehen und sein Leben darauf einzustellen, da heißt es von ihm: „Er zog aber seine Straße fröhlich" (Apg 8,39).

(4) Es könnte jetzt jemand unter uns denken: „Gut, beim Kämmerer hat das geklappt, dass sich ihm die Heilige Schrift als das lebendige Wort Gottes eröffnet hat – aber bei mir nicht. Ich finde nicht zum Glauben. Die Bibel bleibt für mich ein Buch mit sieben Siegeln, obwohl ich es mit diesen Stationen, dieser Anleitung versucht habe."

Wer jetzt so bei sich fragt, dem möchte ich noch einen Hinweis geben und einen Rat.

Der *Hinweis* steckt in der Geschichte selbst. Man kann sie durchaus als Wundergeschichte verstehen. Wunderbar ist sie, weil sie uns vor Augen führt, wie hier Gott im Hintergrund wirkt: Da unternimmt der Kämmerer diese lange und für ihn ergebnislose Reise nur, um auf dem Rückweg Philippus zu begegnen. Und er wäre in dieser Einsamkeit ganz gewiss niemandem begegnet, erst recht keinem Missionar, wenn nicht ein Bote Gottes Philippus an diese einsame Stelle gewiesen hätte – gerade zu dem Zeitpunkt, wo der Kämmerer die entscheidende Stelle aus dem Buch des Propheten Jesaja liest, und gerade an der Stelle, wo dann auch das Wasser für die Taufe zu finden ist.

Damit zeigt uns die Geschichte: So viel setzt Gott ins Werk, so kunstvoll verknüpft er die Lebensfäden, damit am Ende ein fröhlicher Mensch dabei herauskommt. Und damit macht die Geschichte mir Vertrauen, dass Gott sich mit jedem Menschen so viel Mühe gibt, also auch mit mir, mit jeder und jedem von uns und auch mit dem, der zweifelnd fragt.

Aus dieser Glaubensgewissheit ergibt sich mein *Rat:* Wenn die Zweifel und das Unverständnis überwiegen, wenn sich kein Zugang zum Wort Gottes aufzutun scheint, dann könnte es sein – im Bild der Geschichte gesagt – , dass wir uns noch auf der Hinreise befinden und vielleicht auch ziemlich frustiert sind, weil wir das eigentliche Ziel unserer Reise noch immer nicht erreicht haben. Vielleicht braucht es also noch Zeit, bis wir am richtigen Punkt angelangt sind. Vielleicht hat Gottes guter Geist aber auch schon so einen wie Philippus auf den Weg geschickt, der unverhofft an unsere Seite kommt, ein Stück des Weges mit uns teilt und uns anleitet. „Darum“, so heißt es im Hebräerbrief, „lasst uns laufen mit Geduld in dem Kampf, der uns bestimmt ist“ (Hebr 12,1).

Und wir dürfen und können füreinander beten, Gott um seinen guten Geist bitten, dass er bei uns einkehrt, uns Augen und Herzen für sein Wort öffnet, in uns Glauben weckt und uns zum Frieden bringt, damit es endlich von jedem unter uns heißen kann: „Er aber zog seine Straße fröhlich“ (Apg 8,39).

5. Maria – Vorbild im Hören auf das Wort Gottes

Zum Abschluss möchte ich Ihnen von einem Bild erzählen. Es stammt von dem Renaissance-Maler Antonello da Messina (1431–1479). Dieses Bild zeigt die Verkündigung an Maria. In dieser Szene wird exemplarisch vieles von dem sichtbar, was für die Kunst des Bibellesens kennzeichnend ist. Maria schaut von dem Buch, in dem sie soeben gelesen hat, auf. Abgelenkt durch das im Licht Angedeutete, hat sie die Hand wie überrascht und zugleich abwehrend erhoben. Ihr Blick ist nicht eigentlich auf ein Ziel im Raum fixiert, sondern drückt wie ihre ganze Haltung eine staunende Aufmerksamkeit aus – eine Aufmerksamkeit, die sowohl in das eigene Innere gerichtet ist als auch den ganzen Umraum erfasst.

Der verkündigende Erzengel Gabriel wird von Antonello nicht mehr in sichtbarer Gestalt wiedergegeben, sondern allein als wirkender Niederschlag im Ausdruck der empfangenden Jungfrau. Es ist der Augenblick, als der Engel Maria begrüßt und ihr ankündigt: „Siehe, du wirst schwanger werden und einen Sohn gebären, und du sollst ihm den Namen Jesus geben" (Lk 1,31). Maria erschrecken diese Worte und sie erwidert: „Wie soll das zugehen, da ich doch von keinem Mann weiß?" (Lk 1,34).

Das ist der Dialog des Evangeliums mit jedem von uns. Wenn wir ihn beginnen, dann bleiben wir nicht, wie wir sind. Maria könnte Nein sagen und ihr ruhiges Alltagsleben weiterführen. Sie hätte dies tun können, doch auf diese Weise hätte sie sich dem Horizont Gottes entzogen. Ein Ja würde dagegen im besten aller Fälle bedeuten, dass sie als ledige Mutter dastehen würde. Maria jedoch baut nicht auf ihre eigenen Kräfte, sondern allein auf das Wort des Engels und antwortet: „Siehe, ich bin des Herrn Magd; mir geschehe, wie du gesagt hast" (Lk 1,38).

Maria ist so die Erste der Gläubigen geworden. Die Erste von uns allen. Die Erste, die auf das Wort Gottes mit völliger Hingabe geantwortet hat. Maria zeigt uns beispielhaft, wie wir auf das Wort Gottes hören können. In ihrem Gehorsam ist der Grund für die Rettung gelegt. Wenn wir mit Maria lernen, das Evangelium in unserem Herzen aufzunehmen, werden auch wir am Geheimnis des Wortes Gottes Anteil haben.

Was hat Gott mit der Welt zu tun?

Biblischer Schöpfungsbericht im Vergleich mit dem Weltbild einer dynamischen Schöpfungsgeschichte

P. Dr. Karl Meyer OP

Nach einer Zeit des Booms für das Thema „Glaube und Naturwissenschaft" stand das Thema „Glaube und Gesellschaft" im Vordergrund der Aufmerksamkeit, und jetzt steht mit der rasanten Weiterentwicklung der Biologie das Thema „Glaube und Naturwissenschaft" wieder an.

Die Auseinandersetzung in Amerika um die Frage, ob ein „intelligent design" der heutigen Gestalt der Welt zugrunde liege, tut ein Weiteres, das Thema in die Öffentlichkeit zu bringen. Der „Spiegel" widmete ihm die letzte Weihnachtsnummer – in bewährter Oberflächlichkeit und Polemik.

Immer steht dabei der biblische Schöpfungsbericht in Frage: Kann man denn so etwas heute noch glauben? Und Eltern, die den Glauben weitergeben möchten, werden von ihren Söhnen und Töchtern gefragt, was sie von solch märchenhaften Erzählungen halten sollen.

Sie haben mir das Thema gestellt: Biblischer Schöpfungsbericht im Vergleich mit dem Weltbild einer dynamischen Schöpfungsgeschichte. Ich habe die Formulierung unverändert gelassen und möchte mich auseinandersetzen mit den Vorstellungen, die mit im Hintergrund dieser Themenstellung stehen.

Was assoziieren wir mit „biblischer Schöpfungsbericht"?

1. Gott (bzw. der von ihm informierte Autor) berichtet autoritativ, und ich muss das glauben.

2. Gott handelt einmalig: „Du hast gesprochen, und alles war da."

3. Gott hat eine statische Erde hinterlassen.

Was ist demgegenüber das „Weltbild einer dynamischen Schöpfungsgeschichte"?

1. Der Mensch macht sich ein Bild. Das bleibt vorläufig.

2. Der Mensch macht sich ein Bild durch Beobachtung. Da zeigt sich: Die Natur hat Geschichte wie der Mensch.

3. Diese Geschichte ist dynamisch.

Entwicklung und Dynamik gefallen uns besser als der Bericht über etwas Statisches. Wenn „Schöpfungsgeschichte" gesagt wird, ist wohl weniger an eine alternative Erzählung über Gottes Schöpfung gedacht als vielmehr: dynamische Entwicklung des Alls – mit oder ohne Gott.

Das Ziel meiner Ausführungen aber wird sein zu zeigen, dass sich hinter dem Schöpfungsbericht der Bibel eine Dynamik verbirgt, die die moderne Naturwissenschaft erst ermöglicht hat. Dazu müssen wir einen etwas mühevollen Gang durch die Geschichte unternehmen.

A. „Biblischer Schöpfungsbericht"

Es gibt eine Menge Schöpfungs-Berichte – die meisten von ihnen sind ausdrücklich ins Lob Gottes eingebettet. Gewöhnlich meint man die zwei großen Berichte am Anfang des Buches Mose.

– Ein sehr bildlicher (Kap 2) und

– ein sehr nüchterner, formal wiederholend, Ordnung darstellend (Kap 1).

Beide Berichte stehen im Pentateuch (5 Bücher Mose) nebeneinander und gelten miteinander. In beiden Berichten werden verschiedene Lebensfragen von Gott her beantwortet.

Damit haben wir eine erste wesentliche Aussage: Offenbarung Gottes ist für Israel nicht wörtliches Diktat, sondern Gott macht den Anfang eines Gesprächs.

Eine schöne Geschichte sagt auf die Frage: „Welche Inhalte hat Gott den Menschen offenbart?": „Gott hat das א (aleph: der erste Buchstabe des hebräischen Alphabets, der eigentlich nur den Knacklaut beim Öffnen des Kehlkopfes andeutet) gegeben. Alles andere ist Antwort des Menschen."

Gott ruft damit dauernd den Dynamismus der Antwort und der Interpretation seiner Begegnung mit dem Menschen hervor. Die Bibel ist somit das Zeugnis der Dynamik des wachsenden Verständnisses von Gott, Mensch und Welt. Das bedeutet: Der Mensch darf Weltbilder entwerfen. Wir formulieren also unser Thema: Das Weltbild des biblischen Schöpfungsberichtes und ...

Daraus ergibt sich eine sehr positive Anschauung der Bibel über den Menschen. Wir fragen: Was ist der innere Grund dieser positiven Weltanschauung Israels?

Die Antwort lautet: Gott macht alles für Israel und für den Menschen. Der Mensch muss ihm nur die Güte glauben. Die Weltanschauung Israels und später der Juden in der Diaspora lebt aus einer persönlichen Beziehung zu Jahwe, dem Kyrios, dem Herrn. Deswegen wird der Herr in Israel für seine *Königsherrschaft* gelobt.

Die Gebetstradition hält fest: „König über Israel ist Gott als Herrscher der Welt; und seine Herrschaft über das All, in der er die Stabilität aller Ordnungen des himmlischen wie des irdischen Bereichs setzt und garantiert, konzentriert sich auf den Bestand Israels in seiner Geschichte von ihrem Beginn im Errettungswunder des Exodus bis in die Gegenwart und bis in die Zukunft der Endvollendung. Seine Königsherrschaft wirkt in der unbedingten Verlässlichkeit seiner barmherzigen Gnade, die (nach Ex 34,6) das Geheimnis seines Namens ist“ (Ex 3,14) (Ulrich Wilckens).

Von Jahwes Herrschaft über das All redet explizit der erste Schöpfungsbericht. Brisant wird diese Aussage, wenn man sich vor Augen hält, dass dieser Bericht im Exil in Babylon verfasst wurde. Er steht im Umfeld der hergebrachten mythischen Religion, die in wesentlichen Zügen den antiken Kulturen gemeinsam sind:

Der Kosmos ist entstanden als eine Götterzeugung und durch blutigen Götterkampf, in dem schließlich ein Gott die Oberhand behält und die anderen Götter in Schach hält. In Babylon ist es der Sonnengott Marduk. Der Gott Marduk lebt im oberen Bereich, der dem Menschen nicht zusteht. Die Stellung der Menschen ist unten. Sie sind die Sklaven der Götter.

Herrschaft Gottes bildet sich ab in der Herrschaft des Königs. Mächtig erweist sich der Gott, indem er andere Völker mit ihren Göttern unterjocht. Und diese Sklaven sind dann ganz unten. „Glaubt nur nicht, dass euer Gott euch aus der Hand Sanheribs erretten kann!", hatte schon der Botschafter Assurs zu den Leuten auf der Mauer im belagerten Jerusalem gesagt (2 Kön 18,13–19,13). Was damals noch geschah, passierte später. Juda wurde in die Verbannung geführt. Israel sitzt ganz unten. „Es ist aus mit uns", sagen viele der Verbannten (Ez 37,11).

Nur eine Gruppe frommer Leute macht da nicht mit. Sie setzen gegen Marduk ihren Gott Jahwe. Es ist dabei sehr wichtig, dass es Leute sind, die religiös/politisch unterdrückt sind mit dem Bild des stärkeren Gottes von Babel. Sie widerstehen mit dem großen Lästergedicht gegen die Götter Babels: Keine Angst vor den großen Göttern Babylons, keine Angst vor dem erschreckenden Sonnengott Marduk. Die Sonne ist nur eine Lampe. Israels Gott hat das All mit *einem* Wort gemacht – und zwar für uns.

Gegen wen richtet sich diese kritische Betrachtung des babylonischen Mythos? Gegen die bestehenden Herrschaftsverhältnisse, die – als göttliche Ordnung begründet – den normalen Menschen wesentlich als Sklaven betrachten. Israels Gott ist dagegen ein befreiender Gott, der aus aus Liebe zu den Menschen, besonders für seine Frommen, lenkt.

Nicht Nebukadnezar (630–562 v. Chr.) mit seinem mächtigen Gott Marduk hat den König von Juda mit seinem schwachen Gott Jahwe überwunden, sondern Jahwe benutzt Nebukadnezar, um die ständige Untreue seines Volkes zu bestrafen und sein Volk zurückzurufen. Da dieser sich aber überhebt, er habe alles selbst getan, wird er entmachtet und gedemütigt. Sein maßloser Sohn Belschazzar verliert das Reich an die Perser.

König Kyrus von Persien ist dann der Knecht Jahwes, der Israel auf Gottes Geheiß nach Jerusalem zurückkehren lässt. Es gilt: „Wie ein Wasserbach ist das Herz des Königs in der Hand des Herrn; / er lenkt es, wohin er will" (Spr 21,1).

Das aber geht nur, wenn Gott das All bis in seine Einzelheiten in der Hand hat. Das hinwiederum geht aber nur, wenn Jahwe das All geschaffen hat und es stets in seiner Hand hält. Wieder und wieder wird bekannt: Jahwe allein hat das getan, kein fremder Gott stand ihm zur Seite (vgl. Dt 32,12).

In einer späteren Verfolgung der Seleukiden (312–64 v. Chr.), in der den Juden die dominante griechische Kultur aufgezwungen werden soll, steht sogar das Bekenntnis: Wenn wir an Jahwe festhalten, dann kann der Feind ruhig unseren Leib zerstören und das Leben wegnehmen, dann wird er einen neuen Leib und neues Leben geben, denn er hat das All aus dem Nichts erschaffen. Israel, das ganz unten ist, ist mit seinem Gott gleichzeitig sehr weit oben.

Was sagt das Schöpfungsgedicht sonst noch?

– Die Welt ist gut und geordnet.

– Sie dient dem Menschen.

– Sie hat Potential zur Entfaltung in sich.

– Der Mensch ist als Ebenbild Gottes kein Sklave. Auch er darf ruhen.

Noch wichtiger als die Tatsache, dass einige Leute in Babylon das Lästergedicht verfasst haben, ist dies: Obwohl Israel in der Antike nie wieder einen geschlossenen Lebensraum haben wird, in dem es sich politisch unangefochten ausdrücken kann, hält es an diesem Bekenntnis fest und setzt es programmatisch an den Anfang seiner heiligen Schriften.

In der Deutung der Welt gibt es allerdings einen Vorbehalt: Der Himmel bleibt Gottes Raum absoluter Transzendenz. „Der Himmel ist der Himmel des Herrn, die Erde aber gab er den Menschen" (Ps 115,16).

Gerade das hat in der griechischen Physik eine genaue Entsprechung: Erfahrungsgemäß streben Luft und Feuer im Verhältnis zu Erde und Wasser immer nach oben. Erde nimmt aber immer den untersten Platz ein. So suchen die vier Elemente ihren natürlichen Ort. Sie bedienen sich dabei der linearen Bewegungen. Die ideale Bewegungsform ist die Kreisbahn. Sie ist auf der Erde nicht zu finden. Sie gibt es nur am Himmel, der aus der gänzlich anderen fünften Wesenheit (Quintessenz) besteht.

Mathematisch ist auch die heliozentrische Idee in der Antike lange erwogen und bedacht. Aber Ptolemaios (um 100–178), der in der Syntaxis mathematiké das gesammelte Wissen zusammenfasst, lehnt sie aus physikalischen Gründen ab. Die leitende Physik aber stammt von dem mythenkritischen Aristoteles (384–324 v. Chr.), dem Philosophen, d.h. dem Naturforscher schlechthin.

Hier geht die christliche Kirche in der Deutung des Jesus-Ereignisses zwei entscheidende Schritte weiter:

1. Wenn nach dem zweiten, mehr bildhaften Schöpfungsbericht Gott den Menschen beauftragt, allem seinen Namen zu geben (Gen 2,19–20), d.h. es gemäß seiner Art verständlich zu machen, so wird das nun theologisch in griechischer Denkweise untermauert: „Im Anfang war das Wort, und das Wort war bei Gott, und das Wort war Gott" (Joh 1,1).

Das Wort, der Logos, ist das Einsichtige des Seins. Gott hat es also mit Einsehbarkeit zu tun. „Durch das Wort ist alles geworden, und nichts, was geworden ist, ward ohne das Wort" (Joh 1,3). Es gibt einen Zugang zu Gott. Gott hat diesen Zugang in die Welt eingeschrieben. Intelligent design – besser: intelligible design.

Auf andere Weise sagt das auch Paulus: „Was man von Gott erkennen kann, ist ihnen offenbar; Gott hat es ihnen offenbart. Seit Erschaffung der Welt wird seine unsichtbare Wirklichkeit an den Werken der Schöpfung mit der Vernunft wahrgenommen, seine ewige Macht und Gottheit. Daher sind sie unentschuldbar. Denn sie haben Gott erkannt, ihn aber nicht als Gott geehrt und ihm nicht gedankt" (Röm 1,19–21).

2. „Das Wort ist Fleisch geworden" (Joh 1,14), und mit diesem Fleisch geht der Christus Jesus in die Welt Gottes, um für seine Freunde eine Wohnung dort zu bereiten (Joh 14,2–3). Damit wird der Eigenraum Gottes prinzipiell aufgehoben.

Das alles geschieht vor dem Hintergrund eines außerordentlich starken mythologischen Lebensgefühls. Die Städte sind überall mit den Tempeln durchsetzt. Die Antike kennt eine hohe Technik – immerhin mussten Millionenstädte am Leben erhalten werden –, aber man ist sich bewusst, dass die errungenen Vorteile den Göttern durch List abgerungen werden.

Mechanik leitet sich ab von mechanê = die List. Für die Grenzüberschreitung ist zu bezahlen. Der Mythos des Prometheus, der den Göttern das Feuer gestohlen hat und dafür an den Felsen geschmiedet ist, wo ihm Geier die Leber aushacken, ist bekannt. So kommt es nicht zum Durchbruch einer technischen Wissenschaft. Der Mensch fühlt sich und weiß sich wesentlich unten.

Noch einmal: Die Erde und der Mensch aus Erde ist auch in dem ganzen physikalischen System wesentlich unten. Gravitation und Trägheit sind als Deutungen unbekannt.

Die junge Kirche ist in der Antike die Gemeinschaft von Menschen, die als eine gefährdete Minderheit in dauerndem Gespräch und in ständiger Auseinandersetzung die von der jüdischen Gemeinde ererbten und in die anderen Völker weitergetragenen Standards des begreifenden und schaffenden Umgangs mit der Welt durch Jahrhunderte weitergetragen hat. Justin der Märtyrer (100–165) ist *der* Philosoph. Er schreibt Dialoge zu der Kritik der Juden und Heiden an der christlichen Religion.

Was die Deutung der Bibel angeht, ist die Kirche bereits damals ein selbstkritischer Dialogpartner. Augustinus (354–430) sagt: „[Wir] finden ... in der Heiligen Schrift Stellen, die ohne Schaden für den Glauben, den wir empfangen haben, in sehr unterschiedlicher Weise ausgelegt werden können. In solchen Fällen sollten wir nichts überstürzen, indem wir uns felsenfest auf eine Seite schlagen, sodass wir – wenn zukünftiger Fortschritt in der Suche nach Wahrheit unsere Sicht untergräbt – selbst zu Fall kommen. Wir sollten nicht für unsere Auslegung kämpfen, sondern für die Lehre der Heiligen Schrift."

Thomas von Aquin (1223–1274) greift im 13. Jahrhundert bei der Darlegung des Werks des zweiten Schöpfungstages (nämlich der Schaffung des Firmamentes) auf Augustinus zurück und verschärft: „Gemäß Augustinus muss man ... zwei Dinge beachten:

1. Die Wahrheit der Schrift muss unverbrüchlich festgehalten werden.

2. Da die Heilige Schrift vielfach ausgelegt werden kann, soll man keiner Auslegung so präzise anhangen, sodass, wenn durch sichere Gründe (certa ratione) feststeht, dass es falsch ist, was jemand glaubte, es sei der Sinn der Schrift, er sich herausnimmt, es doch zu behaupten, damit [es] nicht [dahinkommt, dass] die Heilige Schrift [mit ihrer eigentlichen Wahrheit] ... deswegen von den Ungläubigen verlacht und ihnen der Weg zum Glauben verschlossen wird" (Summa Theologica I, 58, 1 c).

Erstaunlich ist die angstfreie Begierde, die Deutungsansätze vieler Autoren ins Spiel zu bringen. Auch der Bibeltext ist nicht sakrosankt: „Certa ratio" bedeutet: Naturerkenntnisse sind Kriterien für die Bibeldeutung.

Es ist die Kirche, die dann über den Bruch der Völkerwanderung die Glaubenskultur und die Wissenskultur der Antike langsam, aber sicher in die Wälder Germaniens zu den Völkern mit ihren Mythen befördert hat. Die Klöster und die Domschulen mit ihren Klerikern sind es vor allem, die das Wissen verwalten und entwickeln.

Das Hochmittelalter wendet sich explizit der Deutung und Bearbeitung der Natur der sichtbaren Welt zu. Carl Friedrich von Weizsäcker (* 1912), der sich grundlegend und weitläufig mit diesen Dingen auseinandergesetzt hat, bestätigt diese Sicht in manchen seiner Werke: „Das Hochmittelalter war keineswegs eine finstere Zeit, es war im Gegenteil eine Epoche hoher Kultur, überschäumend von geistiger Tatkraft. Es eignete sich die Lehre des Aristoteles wegen dessen Beschäftigung mit der Wirklichkeit an. Doch die Hauptschwäche des Aristoteles bestand darin, dass er zu empirisch vorging. Deshalb konnte er keine mathematische Naturlehre schaffen" (Große Physiker. München, Wien 1999, S. 110).

Ich füge hinzu: Eine andere wesentliche Schwäche war die noch nicht überwundene fundamentale Trennung von Erde und Himmel. Umso betrüblicher ist es, wenn Hans Küng heute noch schlechte Vorurteile verbreitet und schreibt: „Selbst Rom konnte den Kollaps des mittelalterlichen Weltgebäudes mit seiner Erdscheibe zwischen dem Himmel oben und der Hölle unten, konnte die Entzauberung der Natur ... nicht aufhalten" (Der Anfang aller Dinge. München 2005, S. 20).

Natürlich gab es auch Menschen, die an eine Erd*scheibe* glaubten. Aber wenn man Autoren vergleicht, sollte man nicht Spitzenwissenschaftler späterer Zeiten mit Autoren minderer Qualität in früherer Zeit vergleichen.

Wenn junge Menschen mich morgen nach der Bedeutung des biblischen Schöpfungsberichtes fragen, dann sage ich: Die Gestaltung und die Tradierung des sogenannten Schöpfungsberichtes ist die Einpflanzung eines revolutionären Keims in eine uralte, wohlausgestaltete Gesamtkultur, in der der normale Mensch wesentlich unten ist. Der revolutionäre Keim sagt: Gott liebt dich, du darfst auch oben sein, und Gott stellt dir eine ganze Welt zur Verfügung. Dieser Keim bereitet langsam einem neuen Weltbild, einem neuen Paradigma den Weg. Das ist Dynamik von höchstem Grade.

B. Weltbild einer dynamischen Schöpfungsgeschichte

Ein grundlegend anderes Paradigma der Weltdeutung zu finden, auszugestalten und durchzusetzen, ist ein Vorgang, der schwieriger ist als ein Hausheben. Das Paradigma beginnt nämlich im Kopf mit der Veränderung der grundlegenden Vorstellungen und Begriffe. Die Beobachtungen sind nicht so entscheidend, denn sie passen meistens zu mehreren Deutungssystemen. Es beginnt noch wesentlicher im Lebensgefühl.

I. Eine einheitliche Natur

Die Grundlage einer dynamischen Schöpfungsgeschichte ist eine einheitliche Welt. Zwei Grundeinstellungen zur Natur, die vom christlichen Glauben über Jahrhunderte mit vorbereitet worden sind, sind jedoch für den Wandel entscheidend:

1. Der Mensch weiß sich in die Natur eingebettet und mit ihr konform und konnatural. Er ist nicht mehr der Gegner der Natur.

2. Der Mensch wird so selbstbewusst, dass er sich auch oben am Himmel mit seiner Natur vorstellen kann.

Wir haben es hier mit einem vielfältigen Transformationsprozess zu tun, der heute trotz mancher kundiger Veröffentlichungen weithin unbekannt ist. Nur mit Dummheit und Verbohrtheit der römischen Kirche hat er am wenigsten zu tun.

Konflikte im Transformationsprozess sind selbstverständlich. Jede Wissenschaft wird von einer wissenschaftlichen Gemeinschaft gehalten, vertreten und verteidigt. Gerade die Besten bringen mit ihrem Forschen und Nachdenken ein bestehendes System an den Rand der Haltbarkeit und landen dann – keineswegs kampflos – auf der Seite der Verlierer.

Max Planck (1858–1947) hat ganz allgemein gesagt: „Eine neue Theorie setzt sich weniger durch Überzeugung als durch das Aussterben ihrer Gegner durch.“ Thomas S. Kuhn hat 1963 gerade den Wandel der Physik im 17. Jahrhundert zum Paradebeispiel seiner These von der „Struktur wissenschaftlicher Revolutionen“ (Suhrkamp 1967) gewählt. Hier steht die aristotelische Wissenschaftlerzunft gegen die neue technische Wissenschaftlergarde. Und diese ist nicht konfessionell abgegrenzt.

1. Die Reformation bedeutet allerdings in dem Spiel sehr viel. Die Reformatoren stellen gegen den weiten Raum der Tradition und mannigfaltiger Auslegungen die Heilige Schrift als einzige Autorität hin. Der Buchstabe des Wortes wird sehr wichtig. Deswegen hält Luther wenig von der neuen Lehre des Copernicus, während sie in Rom um 1540 noch nicht auf Widerstand stößt. Ja, der Dominikaner Kardinal Nikolaus von Schonberg ermutigt Copernicus (1473–1543) gerade dazu, endlich sein Werk über „die Umwälzungen der Himmelsschalen" (1546) zu veröffentlichen.

2. Doch gilt sehr bald das, was die auf der Schrift bestehenden Reformatoren sagten, als häretische Neuerung, und die Instanzen der katholischen Kirche sahen sich herausgefordert, die Überlieferung des Glaubensgutes zu vertreten.

Bei der zunehmenden Schärfe der Auseinandersetzung wurde bewusst, dass das astronomische Modell des Copernicus, wenn man es dann für real annahm und nicht nur als Berechnungsgrundlage für Kalender, auch die aristotelische Physik in Frage stellte. Aber die aristotelische Lehre war besonders in die Deutung der Sakramente (Transsubstantiation) verwoben.

Kam die Erde zudem an den Himmel, stimmte die ganze Physik nicht mehr. Und eine neue Physik gab es noch nicht. Theologisch entfiel das Bild für die Erlösungsbedürftigkeit des Menschen: Der Sünder lebt unten.

3. Johannes Kepler (1571–1630) wird entscheidende Schritte weitergehen. 1604 hebt er in den „Nachträgen zu Witelo" eine neue Optik aus der Taufe. Das Sehen geschieht nicht mehr durch Sehstrahlen, sondern durch Lichtstrahlen, die durch die Augenlinse als einem optischen Instrument auf der Netzhaut abgebildet werden. Früher wurde jedes Mittel, das man zwischen Auge und Gegenstand brachte, als eine Verfälschung des natürlichen Sehens verstanden.

Gern sagt man, Galilei (1564–1642) hat durch das Fernrohr gezeigt, dass der Mond ein ganz natürlicher Körper mit Bergen und

Tälern sei. Seine Gegner hätten aber nicht durch das Fernrohr blicken wollen. Recht haben sie. Denn für den, der die neuen Grundannahmen der Optik nicht teilt, wirkt jedes Instrument zwischen Auge und Gegenstand verfälschend. Galilei will sie überzeugen: Richtet das Fernrohr auf die Inschrift eines bekannten Gebäudes und zeigt, dass die Inschrift nicht verfälscht ist! Aber damit ist doch noch nicht gegeben, dass die Dinge am grundlegend anderen Himmel sich den irdischen Bedingungen fügen.

Kepler wagt 1609 einen weiteren Schritt: „Astronomia Nova seu Physica Coelestis". Zur Deutung der Marsbewegungen schreibt er eine neue Himmelsphysik, nach der Himmelskörper sich nicht mehr auf den dem Himmel vorbehaltenen idealen Kreisbahnen bewegen – dabei vom unbewegten Beweger angezogen –, sondern durch auf der Erde bekannten Kräfte auf Ellipsen die Sonne umkreisen. Seine Vorhersage der Planetenpositionen verbessert sich eklatant. Was ihn aber noch mehr bestätigt, ist, dass er eine neue Harmonie finden kann, die sich in den Keplerschen Gesetzen niederschlägt und der Himmelsmusik entspricht. Das ist für ihn gleichsam der Beweis des intelligent design.

4. Auch das Experiment ist nicht selbstverständlich. Sehr lange dauert es, bis auch der Techniker und Architekt begreift, dass er bei seinem Umgang mit der unberechenbaren Natur diese nicht überlisten muss, sondern dass er gemäß der Natur handelt (Giambattista della Porta, 1535–1615).

5. Galileis Konflikt mit der Inquisition ist nicht zuletzt der Konflikt wegen der Entstehung und Etablierung einer neuen Gruppe der Technikwissenschaftler, die nicht Kleriker sind. Dass ein Nichtkleriker sich die Deutung der Bibel herausnimmt – so wie es auch die Reformatoren den einfachen Gläubigen zugestanden hatten –, mag das Lehramt der Gegenreformation nicht zugestehen. Es sind dann eine Vielzahl von Winkelzügen und Beleidigungen und politischen Pressionen, die den früheren Bewunderer Galileis, Kardinal Maffeo Barberini (1568–1644), als Papst Urban VIII. (1623–44) zum Feind Galileis machen, der ihn als Bauernopfer fallen lässt.

Mit Isaac Newton (1643–1727) setzt sich endgültig das Paradigma von Körpern, von Kugeln, die gegenseitig unter Anziehung stehen, durch. Das berühmte Beispiel, Newton sei im Garten ein Apfel auf den Kopf gefallen und habe ihm ein Licht aufgehen lassen, will gerade sagen, dass die Gravitation universal gilt, hier auf der Erde, bei den Planeten und im Weltall. So spricht man seither unschuldig von „Himmelsmechanik". Selbst der Mensch wird kaum ein Jahrhundert später als Maschine begriffen (de La Mettrie, 1748).

Nun ist die Welt endgültig einheitlich geworden, und der Mensch ist endgültig oben angekommen, so sehr, dass er Gott immer weniger braucht. Grundlegend dafür ist: Personale Kategorien werden zu sachlichen Kategorien:

1. Die persönliche Verlässlichkeit Gottes, die zu einer wachsenden Selbstständigkeit und Dynamik des Menschen geführt hat, wandert ein in die Verlässlichkeit der Naturgesetze. 2. Die persönlich geschenkte Rationalität konkretisiert sich in mathematischen Strukturen und quantitativer Messbarkeit. 3. Eine äußerlich vorgestellte persönliche Einflussnahme verwandelt sich in eine den Dingen innewohnende Quelle der Dynamik, die Gravitation.

Gott kann entweder zur inneren Identität dieser geradezu göttlichen Natur werden oder er kann sich als überflüssig erweisen. Die Legende erzählt: Laplace (1749–1827) habe bei der Vorstellung des Kant-Laplaceschen Systems der Weltentstehung vor Kaiser Napoleon auf dessen Frage nach Gott in dem System gesagt: „Sire, diese Hypothese habe ich nicht nötig."

Der größte Beweis ist der unglaubliche Erfolg bei der Rekonstruktion der Schöpfung aus einem höchst unsicheren Obdach zu einem Lebenshaus, an dem z.B. die gefährlichen Kräfte durch den Blitzableiter vorbeigelenkt werden. So können auch die metaphysischen Fragen nach Gott unschädlich gemacht werden.

Unter den Triumphen kann natürlich nicht gesehen werden, dass es sich bei den physikalischen Theorien um Modelle der Natur handelt.

Die klassische Physik ist die *Wahrheit.* Gegen die Wahrheit wird aber jede konkurrierende Deutung zur Unwahrheit.

Eine Kirche, die an einem persönlich begegnenden Gott festhält, wird mit der wissenschaftlichen Gemeinschaft dauernd im Kampf liegen. Sie wird darin aus der Defensive unglücklich agieren und genüsslich als Feindin der Wissenschaft vorgeführt werden. Und das Lehramt läuft in diese Falle.

II. Vom System der Naturdinge zur Geschichte der Natur

Die unglaubliche Ansammlung von Daten führt zunächst zu einer Systematisierung der Naturdinge, sehr schnell aber zu einer Geschichte als Begründung des Systems vom Ursprung her. Immanuel Kant (1724–1804) schreibt 1755 die „Allgemeine Naturgeschichte und Theorie des Himmels", in dem er die Entstehung des Weltalls aus den Newtonschen Gesetzen ableitet.

Auch die Geschichte der belebten Schöpfung bis zum Menschen hin kommt ins Blickfeld. Charles Darwin (1809–1882) greift die Frage auf. Die Pflanzen und Tiere stehen nicht nebeneinander, sondern sie haben eine Geschichte von einem gemeinsamen Ursprung aus. Die Einheit der ganzen Natur ist dabei eine im Hintergrund stehende erkenntnisleitende Idee. Denn immer geht es dem Menschen um das Universale.

Die Idee Darwins hat bis heute etwas Faszinierendes an sich. Erdrückend sind die Funde unterschiedlichster Entwicklungsstufen von Pflanzen und Tieren aus den Schichten der Erdgeschichte. Aber bis heute kann nicht von einer konsistenten Theorie gesprochen werden.

Ein Mechanismus der Evolution ist für Darwin die Kreuzung der Individuen, die zu überraschenden Ergebnissen führt, heute die Mutation. Dass jedoch die Entstehung komplexeren und leistungsfähigeren Erbgutes gerade durch Fehler beim Kopiervorgang der Genome geschehen soll, erscheint nicht besonders rational.

Bei der ausstehenden Beantwortung der Frage nach dem grundlegenden Kausalnexus der Aufwärtsentwicklung wird von Biologen, die bis zum geistigen Verhalten hin alles auf dieselbe Weise begründen wollen, immer wieder Zufall und Notwendigkeit angegeben. Abgesehen davon, dass sich unlösbare Fragen für Ethik und Rechtsprechung ergeben, ergibt sich aus der Wahrscheinlichkeitsrechnung, dass selbst für das Entstehen von Bakterien Zeiträume benötigt werden, die die errechnete Dauer des Universums (13,7 Milliarden Jahre) um viele Größenordnungen übersteigen.

„Mathematische Wahrscheinlichkeitsberechnungen vermitteln eine Vorstellung davon, wie unerwartbar und erklärungsbedürftig das Auftreten schon einfacher lebendiger Organismen ist. So weist die DNS-Struktur des Darmbakteriums E. Coli, dessen molekulare Struktur und genetische Informationsfolge weitgehend bekannt ist, einen Komplexitätsgrad auf, der aus Zufallsentstehung allein kaum erklärbar ist. Den Bauplan dieses einfachen Bakteriums durch lauter Zufallstreffer zu rekonstruieren, würde einen Zeitrahmen von unvorstellbarer Dauer erfordern, demgegenüber das faktische Alter unseres Universums verschwindend gering ist. Man müsste, wie eine hypothetische Berechnung ergibt, 102 400 000-mal ‚würfeln', um dieses Ergebnis zu errechnen. Vergleicht man den geringen Komplexitätsgrad dieses Bakteriums mit den höherstufigen Ordnungssystemen anderer lebendiger Organismen, so verdichten sich die Zeichen, die auf eine sich von unten aufbauende teleonome Struktur hinweisen. Nach den Rückschlüssen, die wir aus diesen Beobachtungen ziehen können, ist das Weltalter zu kurz, als dass das Leben durch eine ziellose Serie von Zufällen entstanden sein könnte" (Eberhard Schockenhoff, FAZ 27. 8. 2005, S. 44).

Problematischer erscheint mir der Mechanismus der Selektion, d. h. der Verdrängung lebensuntauglicher Stämme durch die Lebenstauglichen. Bei der grundlegenden Tendenz der Menschen, aufs Ganze zu gehen, hat sich Selektion als verhängnisvoll herausgestellt. Die großen Ideologien des 20. Jahrhunderts haben die Selektionen bereits im großen Stil durchgeführt – mit einem unglaublichen Verlust für die Menschheit. Dabei hat sich der Kommunismus als wissenschaftliche Weltanschauung mit wissenschaftlichem Atheismus ausgegeben. Dass Hans Küng bei seinem Eintreten für ein Weltethos der Biologie der Natur ein derart akzentuiertes Grundprogramm zugestehen mag, ist mir unbegreiflich.

Was werde ich, wenn ich gefragt werde, einem jungen Menschen bezüglich der Evolutionslehre antworten? Die gesamte heutige Welt als aus einer großen Entwicklung hervorgehend zu betrachten, ist sicher richtig. Die Beobachtung von Zuständen von Himmelskörpern und Lebewesen unterschiedlichsten Alters, zwischen deren

Struktur eine Ähnlichkeit oder Verbindung aufgezeigt werden kann, weist darauf hin. Die Selektion von untauglichen Arten ist für mich ein unrichtiges Modell. Es ist eine schlechte Dynamik.

Es ist hier noch viel zu forschen, bevor man von einer Theorie sprechen kann. Die vom christlichen Glauben vorausgesetzte grundlegende Erkennbarkeit der Natur fordert dazu heraus.

C. Der Mensch im Universum: eine eigenartige Dynamik

Den heutigen Wissensstand über die Natur darzustellen, übersteigt meine Fähigkeit. Schon 1967 hat Carl Friedrich von Weizsäcker gesagt: „Das Wissen der heutigen Physik können 20 hervorragende Physiker abdecken, und jeder weiß dann vom Fachgebiet des andern so gut wie nichts." Diese Aussage wird 40 Jahre später umso mehr gelten. Sie gilt sicherlich auch für die heutige Biologie.

Ich bin kein Physiker. Ich hoffe, selbst wenn ich Aussagen zur Physik zitiere, nicht zuviel Falsches zu sagen. Unter dieser Prämisse sage ich: Die klassische Physik ist von der heutigen Physik mit Relativitäts- und Quantentheorie entlarvt worden als ein Grenzfall, als ein *Modell* für makroskopische Strukturen. Die Physik hat damit den Alleinvertretungsanspruch auf Wahrheit aufgegeben. Sie behauptet nicht, mit ihrer Methode allein und umfassend wahre Aussagen über die Welt zu machen.

Auf ihrem eigenen Gebiet hat die Physik Grenzen des Erkennens aufgedeckt. Diese werden u.a. mit den bekannten Begriffen bezeichnet:

– Heisenbergsche Unschärferelation.

– Komplementarität von Welle und Korpuskel.

Beide beinhalten, dass der Beobachter sich selbst in die Beobachtung einträgt, reine Objektivität deshalb nicht möglich ist. Prinzipiell ist es zudem unmöglich, Informationen vom Anfang der Weltereignisse zu erhalten.

Die Wissenschaftstheorie (Karl Popper) belehrt uns, dass es unmöglich ist, durch Empirie gewonnene Theorien zu verifizieren und sie damit als ein für alle Mal gültig zu erweisen. Theorien sind vielmehr vorläufig gültig und werden hinfällig, wenn sie falsifiziert werden. Theorien, die nicht falsifizierbar sind, sind unwissenschaftlich. Hierhin gehört das Postulat unzählig vieler Paralleluniversen, zu denen als *ein* Fall unser Universum mit seinen besonderen Grundkonstanten gehöre. Die anderen Universen seien uns aber in keiner Weise zugänglich.

Besagt das nun, dass es also immer irgendwelche Begründungslücken gibt, die Gott besetzen müsste, womit dann seine Existenz bewiesen wäre? Nein. Im Laufe der Geschichte haben wir Gott schon so viele Lücken zugewiesen, aus denen er dann später bei gewachsenem Kenntnisstand verschwinden musste. Gott ist keine Ursache innerhalb des Universums.

Die Lehre von der Schöpfung spricht von einem Anteilgeben am göttlichen Sein, das gleichzeitig ein Sein-Lassen in der geschöpflichen Weise des Seins beinhaltet und ein jeweiliges Selbstsein der Dinge begründet. „Schöpfung" geht davon aus, dass aus der Kontingenz der Dinge ihre nur zeitweise Existenz anzunehmen ist.

Die theologische These von der im göttlichen Logos begründeten Vernünftigkeit der Welt besagt, dass das Suchen nach innerweltlichen Begründungen beizubehalten ist zur Ehre Gottes. So suchen wir nicht nach den Lücken, sondern freuen uns über Ergebnisse, die einen Widerschein der Freundlichkeit Gottes auf dem Antlitz der Natur zu uns kommen lassen.

1. Für eine Reihe von Forschern gehören zu diesen Spuren:

– Die Feststellung von einem zeitlichen Anfang des bekannten Universums (Urknall).

– Die Feinabstimmung der Grundkonstanten des Universums, die in den ersten Bruchteilen der ersten Sekunde nach dem Urknall entstanden sind. Sie bilden in ihrer Gesamtheit das „anthropische Prinzip". Das heißt, würden die Konstanten auch nur um ein Geringes von ihrem bekannten Wert abweichen, wäre die Bildung des uns bekannten Universums und die Entstehung des Menschen nicht möglich gewesen (John Polkinghorne, *1930).

– Darüber hinaus sind eine Vielzahl von Fakten zu nennen, die im Rahmen von Geschichte und System des Weltalls bis hin zu Erde und Mond Rahmenbedingungen für das Auftreten des Menschen bedeuten.

Diese Tatsachen erfüllen mich mit Staunen und Dankbarkeit. Gerade das anthropische Prinzip hat für mich zu tun mit dem „design" eines intelligenten Gottes. Es steht für mich auf derselben Ebene, wie sie Kepler in der neuen, durch sein zweites und drittes Gesetz aufgedeckten Harmonie des Sonnensystems als Bestätigung für die Wahrheit und Treue Gottes sieht.

2. „Intelligent design" hat zu tun mit der Zielgerichtetheit des Zusammenhangs. Hierin liegt eine besondere Dynamik. Die überaus hohe Bedeutung teleonomer Strukturen für die Ontogenese des Menschen hat der französische Arzt und Forscher Alfred A. Tomatis (1920–2002) aufgedeckt (Der Klang des Lebens. Reinbek 2000). Er hat *empirisch* gezeigt, dass Strukturen des Innenohrs von den einfachsten Lebewesen bis hin zum menschlichen Ohr vorhanden sind, die vor dem Beginn formalen Hörens das entstehende Lebewesen sich ausrichten lassen auf den Klang des Lebens und gerade so den Menschen zu dem werden lassen, der er ist und sein kann. Könnte das nicht auch auf anderen Ebenen gelten?

3. Ein spirituelles Gesamtbild eines teleonomen Systems, das sich sowohl von unten wie von oben her aufbaut, hat schon vor 80 Jahren der französische Jesuit Teilhard de Chardin (1881–1955) entworfen. Hier wird das Ganze der Welt in seiner Vielfalt nicht als Epiphänomen der Materie postuliert, sondern in dem Geringsten bereits die Fähigkeit zur Hinordnung auf Höheres und Einheit – und damit ansatzweise auf Geist – gesehen.

So baut sich die Welt vom Kosmos über die Biosphäre bis hin zu Noosphäre auf, deren Endpunkt Ω der menschgewordene Sohn Gottes, der universale Christus, ist. Nach wie vor stellt dies eine heuristische Idee dar, die es wert ist zu versuchen, ihren realen Verwirklichungen in der empirischen Welt nachzuspüren. Sie hat den großen Vorteil, dass sie nicht vom Ausschluss des Ungenügenden ausgeht, sondern vom Einschluss alles Wirklichen. Sie bietet daher die Basis eines Weltethos. Im Hintergrund dieses Weltbildes steht der die Menschen und seine ganze Schöpfung liebende Gott.

Seinem Credo schließe ich mich gern an:

Ich glaube, dass das Universum eine Evolution ist.

Ich glaube, dass die Evolution in Richtung auf den Geist geht.

Ich glaube, dass der Geist sich im persönlichen Gott vollendet.

Ich glaube, dass das höchste Personale der universale Christus ist.

Paradox gilt von diesem Gott, dass er absolut transzendent und mir doch innerlicher ist, als ich mir selbst bin.

Zusammenfassung

Weltbilder sollte ich vergleichen. Das ist nicht einfach möglich. Denn sie folgen geschichtlich aufeinander und tun in der Entwicklung des Menschen einen in ihrer jeweiligen Zeit unverzichtbaren Dienst. Möglich ist der Vergleich ihrer *Fruchtbarkeit.*

1. Das biblische Welt- und Menschenbild, das sich in den Schöpfungsberichten niederschlägt, zeigt eine hohe Fruchtbarkeit. Es hat dem Menschen den Zugriff auf die Welt ermöglicht.

2. Unter den verblassenden Resten christlichen Denkens kommt der Mensch mit dem demokritischen Modell der Welt im Rahmen der klassischen Physik zu einer unübersehbaren Fülle von anwendbarem Wissen und zu einer Bemächtigung und technischen Rekonstruktion der Welt, die uns die Zivilisation geschenkt, in ihrer Absolutsetzung aber zu einer gefährlichen Menschen- und Weltverachtung geführt hat. Dieses Weltbild hat seine Fruchtbarkeit für die Zukunft weitgehend verloren, treibt aber weiterhin sein Unwesen.

3. Herausgewachsen aus dem klassischen Weltbild ist die moderne Physik, die sich ihrer Grenzen bewusst wird, die auch anderen Zugängen zur Wirklichkeit ihren Raum lässt. Sie fordert die christliche Glaubenslehre heraus, das, was sie eigentlich mit Schöpfung durch Gott meint, in der nötigen Tiefe und Differenzierung zu sagen. Diesen sich ihrer Grenzen bewussten und von komplementären Wissenschaften lernenden Wissenschaften kann eine fruchtbare und den Menschen dienliche Zukunft bevorstehen.

Literatur

Christian Nürnberger: Die Bibel. Was man wirklich wissen muss. Berlin: Rowohlt [2]2005. – Darin: Schöpfung: Die Welt wird aufgeklärt, S. 11–46.

Grundkurs Bibel Altes Testament. Werkbuch für die Bibelarbeit mit Erwachsenen. Hrsg. vom Katholischen Bibelwerk e.V. und Barbara D. Leicht. Band 2, Stuttgart: Verlag Katholisches Bibelwerk 2003. – Fünfte Einheit. Eschaffen und für gut befunden: Das priesterliche Schöpfungsgedicht (Gen 1,1–2,4), S. 37–43.

Wolfgang Beinert (Hrsg.): Glaubenszugänge. Lehrbuch der Katholischen Dogmatik. Band 1. Paderborn – München – Wien – Zürich: Ferdinand Schöningh 1995. – Darin: Alexandre Ganoczy: Schöpfungslehre, S. 363–495.

Joseph Ratzinger, Benedikt XVI.: Einführung in das Christentum. Augsburg: Weltbild 2005, S. 51–61, 126–138.

Stephan Hawking & Leonard Mlodinow: Die kürzeste Geschichte der Zeit. Reinbek: Rowohlt 2005.

Alister E. Mc Grath: Naturwissenschaft und Religion. Eine Einführung. Freiburg, Basel, Wien: Herder 2001.

Alexandre Ganoczy: Chaos – Zufall – Schöpfungsglaube. Die Chaostheorie als Herausforderung der Theologie. Mainz: Grünewald 1995.

Hans Küng: Der Anfang aller Dinge. Naturwissenschaft und Religion. München – Zürich: Piper [4]2005.

E. J. Dijksterhuis: Die Mechanisierung des Weltbildes. Berlin, Göttingen, Heidelberg: Springer-Verlag 1956.

„Als Mann und Frau schuf Gott sie“

Plädoyer gegen die Entfremdung der Geschlechter

Pfarrer Eberhard Guttmann

Vorbemerkung: Warum dieses Thema?

– Es ist ein Teil der persönlichen Suche nach dem Geheimnis des Menschseins. „Gott wird Mensch“ ist die Botschaft des Weihnachtsfestes. Die Unfassbarkeit dieser Botschaft drängt, immer neu ausgelotet zu werden.

– Bei der Gabenbereitung in der Eucharistiefeier fügt der Priester im Kelch dem Wein etwas Wasser bei und spricht: „Wie das Wasser sich mit dem Wein verbindet zum heiligen Zeichen, so lasse uns dieser Kelch teilhaben an der Gottheit Christi, der unsere Menschennatur angenommen hat.“ Was bedeutet „Gott nimmt die Menschennatur an“ in einer Zeit, die beherrscht ist von der Technik und die den Zugang zur Natur verliert?

– Priester sollen Seelsorger sein, Mann und Frau als Geschöpf Gottes verstehen und die eigenen männlichen und weiblichen Anteile in gesunder Weise integrieren. Sind wir da schon am Ziel?

– Die Pastoral hier vor Ort geschieht in sozialen Brennpunkten mit Verrohung, Gewalt, Missachtung von Seele und Leib. In kurzen Abständen waren hier drei Beerdigungen von grausam ermordeten jungen Menschen.

– Die zunehmende Zahl von Trennungen und Scheidungen fordert zur Frage heraus: Ist die Entfremdung die Zukunft?

– Die gegenwärtige Neuorientierung in den Bistümern, Kirchengemeinden und kirchlichen Einrichtungen beschäftigt sich weitgehend mit Konsolidierung, Finanzen, Strukturen. Zur Sanierung gehört wesentlich die Kraft aus dem Ursprung. Nicht wenige, die in der Kirche tätig sind, sind in langjähriger therapeutischer Behandlung. Was fehlt, dass der Glaube nicht mehr als heilend erfahren wird?

Einstieg

Der oftmals entwürdigende Umgang bei Jugendlichen und Erwachsenen mit der eigenen Person und die der anderen hat uns in der zweijährigen Firmvorbereitung veranlasst, bei einem Jahrgang konkret die Firmung als Initiationssakrament an der Schwelle zum Erwachsenwerden anzusprechen. Nach Geschlechtern wurden die Gruppen getrennt. Die Mädchen übernahm die Gemeindereferentin mit einem Team, die Jungen übernahm der Pfarrer mit einem Team. In geschützter Atmosphäre wurden die Fragen gestellt: Kannst du dich an deine erste Blutung erinnern? An deinen ersten Samenerguss? Haben deine Eltern das Ereignis mit dir gefeiert, dir gratuliert, Kerzen angezündet, Kuchen gebacken? Zunächst war Betroffenheit bei den Mädchen, Albernheit bei den Jungen. Als sie hörten: „Es gibt Eltern, die das machen; wenn es deine Eltern nicht getan haben, trage es ihnen nicht nach, du hast die Chance, es später bei deinen Kindern zu tun", wurde die Aufmerksamkeit größer. Ich gestehe, meine Eltern haben es auch nicht getan. Es waren die Jahre nach dem Krieg. Ihr Bemühen und Sorgen galt anderen Bereichen.

Mit den Jungen wurde plakativ das Thema angesprochen: Pro Sekunde werden in dir 1 000 Spermazellen produziert, ein Samenerguss hat nach wissenschaftlichen Erkenntnissen den Nährwert von zwei Rindersteaks, zehn Eiern, sechs Orangen und zwei Zitronen. Deine männliche Kraft soll zur Liebeskraft werden, sie darf nicht zur Rohheit und Gewalt führen. Du hast die Kraft, um Schutz zu geben. Es ist eine schöpferische Kraft, du kannst Vater werden, Kinder zeugen. Tu es in Verantwortung! Du sollst mit deiner Kraft dem Kind und der Mutter den Raum zur Entfaltung geben. Dabei wurden Leibübungen vorgenommen, zum Beispiel eine Hand auf das Becken legen und die andere auf das Herz, um die Kraft aus dem Becken dem Herzen zuzuführen. Eine Übung, die aus alter Zeit bekannt ist.

Mit den Mädchen wurde der Zugang zum monatlichen Zyklus erarbeitet. Viele hatten zum ersten Mal Gelegenheit, darüber zu sprechen. Alle Mädchen klagten über Schmerzen, nahmen Schmerzmittel. Ein Mädchen benannte den Schmerz mit dem Namen des Vaters, zwischen beiden bestand ein sehr gespanntes Verhältnis. Mit der Zeit entdeckten sie den monatlichen Zyklus positiv als Teilhabe am Strom des Lebens. Sie lernten, die Signale im Körper wahrzunehmen, auszusprechen, anzunehmen, zu bejahen als Geschenk Gottes. Das bewusste Atmen wurde vorgenommen. Der Atem als Odem Gottes mit dem Hinweis auf die „ruach elohim", den göttlichen Geist, die „Geistin", die ausfüllende Lebendigkeit.

Das Ziel war, deutlich zu machen, dass der Mensch als Mann und Frau etwas Wunderbares ist mit Leib, Seele und Geist. Und dass der junge Mensch das innere Feuer entdecken soll, es brennen lässt und zum Leuchten bringt. Dabei begleitete die Textstelle 1 Kor 6,19: „Wisst ihr nicht, dass euer Leib ein Tempel des Heiligen Geistes ist?"

Aussagen in der Bibel und ihre Konkretisierung

Die Bibel ist klar in ihren Aussagen. In Gen 1,27 heißt es: „Gott schuf also den Menschen als sein Abbild; als Abbild Gottes schuf er ihn. Als Mann und Frau schuf er sie." Das heißt:

– Mann und Frau sind nicht gleich, sondern anders. Sie sind von Grund verschieden bis in die letzte Haarspitze.

– Mann und Frau sind zwar anders, aber gleichwertig, es gibt kein Oben und Unten zwischen ihnen.

– Der Mensch ist Abbild Gottes. Der Mensch ist echt in seiner Ursprünglichkeit. Je mehr der Mensch „ursprünglich" wird, sich seines Ursprungs bewusst wird, umso mehr wird er Abbild Gottes.

Konkret heißt es: Der *Mann* ist Samenträger. Das macht seine Ursprünglichkeit und Echtheit aus. Samen wird ausgestreut, Neues kann wachsen. Das Wesen des Mannes ist: Besamen im Sinne von Frucht bringen, Neues zum Wachsen bringen, Schutz bieten für das Reifen, zum Segen sein. Dem Mann ist die Fähigkeit gegeben zu „befruchten", leiblich, seelisch, geistig. Seine Größe liegt darin, schöpferisch und kreativ zu sein, zu gestalten, zu bauen, zu konstruieren, sinnvoll mit Materie umzugehen, mit Holz, Stein, Eisen (Häuser, Maschinen, Fahrzeuge). Dazu gehört auch das Kochen, Backen, Musizieren usw.

Es geht nicht um Leistung, nicht um gewaltsames Einsetzen der Körperkraft, nicht um Gewalt, Bedrohung, nicht um kriegerisches Tun. Das hätte zerstörenden Charakter. Es geht um das schöpferische Fruchtbarsein und Schutzgeben, damit Wachsen und Entfaltung möglich ist, Schutz für die Frau, das Kind, den Mann, die Schöpfung Gottes.

Alfred Läpple (Priester und anerkannter Religionswissenschaftler) sagt, dass in der klassischen Antike das griechische Wort „Sperma" nicht den heute biologisch-medizinischen Sinn in Richtung Fortpflanzung hatte, sondern die Bedeutung im Sinn von Mächtigkeit, Dynamik und Zukunft für die Wachstumsenergie sinnvollen Lebens. Unter Mächtigkeit wurde in früherer Zeit nicht die dominierende Macht verstanden, sondern die Frucht bringende Kraft. Das Wort Sperma hatte nicht den brutalisierten und sexualisierten Sinn wie heute.

Wo das nicht unterschieden wird, werden wichtige Lebensbereiche abgeschnitten. Es führt zum Machogehabe, zur Entwürdigung des Mannes und der Frau, des Menschseins, der schöpferischen Kräfte. Die Pornoindustrie lebt davon mit Milliardengewinn. In alten Kulturen gab es für heranwachsende Männer Initiationsriten. Sie waren eine Einführung in das Mannsein durch „Älteste", auch mit Mutproben verbunden. Die Pädagogik heute sagt: Das ist leider verloren gegangen. Es fehlen Väter, die die Söhne in das Mannsein mit ihren guten Erfahrungen einführen und begleiten. Der junge Mann hat kaum die Chance, zu seiner Ursprünglichkeit und Echtheit zu finden. Er braucht die Hinführung, dass zum echten Mannsein die Würde gehört. Aber er bleibt oft alleingelassen.

Das gilt auch für Priester und Ordensleute. Der Missbrauch an Kindern in den USA und anderen Ländern unlängst hat tief erschüttert, auch die erschreckenden Ereignisse in einem Priesterseminar in Österreich und anderswo. Jedes Vergehen an Kindern und Erwachsenen schreit zum Himmel. Die Begleitung von jungen Menschen in den Dienst der Kirche muss helfen, reife Menschen zu werden. Die männlichen Anteile (Animus) und die weiblichen Anteile (Anima) müssen entfaltet und integriert werden.

Die *Frau* ist anders als der Mann. Sie denkt anders, fühlt anders, empfindet anders, spricht anders, handelt anders. Wenn beide über das gleiche Ereignis sprechen, nimmt die Frau andere Aspekte wahr als der Mann, zum Beispiel bei einem Gemälde. Bekannt ist die Erzählung vom Ehepaar Einstein. Sie steht am Abend am Fenster und bewundert den Mond und sagt: Wie schön leuchtet er mit seinem wohltuenden Licht in der Dunkelheit der Nacht. Und der Ehemann, der große Denker, sagt: Du Dummerchen, der Mond ist ein kalter Planet ohne Leben, nur die Sonne verleiht ihm das Licht.

So unterschiedlich ist die Wahrnehmung, und doch sind es keine Gegensätze. Was der Mann nicht hat, hat die Frau. Was die Frau nicht hat, hat der Mann.

Der Frau ist der monatliche Zyklus eigen. Er ist ein gesunder Vorgang, ist Reinigung und gibt die Möglichkeit zur Empfängnis für neues Leben. In alter Zeit wurde die Frau nach den Tagen der Blutung als „Jungfrau" bezeichnet, anders als heute. Die Frau lässt diesen Rhythmus zu, sie „gibt sich ihm hin", um fließen zu lassen. Davon ausgehend darf gesagt werden, dass Hingabe das Wesen der Frau ist, während das Wesen des Mannes ist, Schutz zu bieten, damit Leben wachsen und sich entfalten kann.

Das monatliche Blut ist das einzige Blut, das ohne Gewalteinwirkung fließt. Es ist anders als das einer Wunde, es ist in der chemischen Zusammensetzung anders, sieht anders aus, riecht anders, hat einen anderen Charakter. Das alles bedeutet doch etwas! Selbst Frauen tun sich schwer, die Bedeutung zu verstehen. Nicht selten sind Äußerungen zu hören wie: „Schon wieder der Mist!" Je negativer eine Frau zu den natürlichen Vorgängen steht, umso mehr hat sie mit Schmerzen zu tun.

In der langjährigen Jugendarbeit sagten die jungen Frauen, dass sie fast immer Schmerzen haben und schmerzlindernde Medikamente nehmen. Wie den Jungen die Väter fehlen, so fehlen die Mütter, die die Töchter in das Frausein einführen. In unserer Gesellschaft wird die monatliche Blutung als hinderlich angesehen. Sie steht dem Erfolg, der Karriere, der Forderung, ständig einsatzbereit zu sein und täglich Leistung zu bringen, im Wege. Je mehr aber die Annahme geschieht, desto mehr findet die Frau zur ihrer Ursprünglichkeit, umso weniger treten Schmerzen auf. Das berichten Frauen.

In alten Kulturen, wie zum Beispiel der indianischen Kultur, war die blutende Frau hoch geachtet. Sie genießt besonderen Schutz und darf sich zurückziehen. Es sind Tage der Ich-Erfahrung und Tage der Stärkung.

Im Buch Lev 15,19 heißt es: „Hat eine Frau Blutfluss, soll sie sieben Tage lang in der Unreinheit ihrer Regel verbleiben. Wer sie berührt, ist unrein bis zum Abend ..." Diese Aussage ist als Schutz für die Frau zu deuten. Sie soll respektvoll behandelt werden vom Mann. Diese Distanz braucht sie. Ja, sie hat ein Recht darauf. Das Alte Testament ist viel leib- und frauenfreundlicher, als oft gedacht. Es muss nur richtig gedeutet werden.

In alter Zeit war die weise Frau während der Blutung Ratgeberin. Man wusste um ihre Fähigkeit für Visionen, Intuitionen, klaren Blick. Man holte ihren Rat in wichtigen, oft auch politischen Entscheidungen ein. Es liegt nahe, dass die großen Frauen des Glaubens, die Mystikerinnen, diese Kraft als eine Form der Gotteserfahrung wahrnahmen.

Von einigen Firmen ist bekannt, dass sie wieder Rücksicht nehmen auf den Zyklus ihrer Mitarbeiterinnen. In unserer Gemeinde versuchen wir, die Achtung vor dem monatlichen Zyklus wieder in das Bewusstsein zu bringen. Es geht um das Entdecken der eigenen Wurzeln. Eine Atmosphäre des Vertrauens unter den Mitarbeiterinnen ermöglicht, dass sie sagen, dass sie die Blutung haben. Sie dürfen sich zurückziehen, wenn der Wunsch besteht. Die Arbeit wird für diese Tage anders verteilt.

Es fällt auf, dass auch der Ehepartner die Frau neu kennen und achten lernt. Die Frauen beginnen, ihrem Ursprung nachzugehen, ihrer Echtheit, mehr bei sich zu sein. Davon profitieren alle, auch die Ehen und Familien. Das Frausein mit dem Bluten verlangt nach einem gesunden Platz im persönlichen Leben und in der Gesellschaft. Unter Dauerbelastung stehende Frauen wie in Arbeitslagern, Gefängnissen usw. haben keine regelmäßige Blutung. Auch nicht Spitzensportlerinnen, vor Kurzem haben Frauen dies in einer Fernsehsendung beklagt.

Auch die „Pille" zur Empfängnisverhütung beeinflusst den monatlichen Zyklus. Es gibt Medikamente, die die Blutung verhindern. Frauen allein können beurteilen, ob das für sie auf Dauer eine wirkliche Bereicherung ist.

Bemerkenswert ist, dass Frauen, die nicht mehr die regelmäßige Blutung haben, sagen, dass sie sich nach ihr sehnen, auch wenn sie diese zuvor nicht akzeptiert hatten. Ältere Frauen sagen, dass sie weiterhin das Gespür für den Zyklus empfinden, auch wenn es seit Jahren nicht mehr zur Blutung kommt. Es muss etwas Faszinierendes daran sein!

Unsere Gesellschaft ist eine Gesellschaft der Entfremdung, Entfremdung von sich selbst als Mann und als Frau. Die Echtheit geht verloren. Junge Menschen geraten in dieses Fahrwasser. Jeder kennt sich besser aus in der Handhabung des Computers, des Autos, des Handys, kennt sich besser aus im Ausland. Aber in seinem persönlichen Inland, in seinem Körper, in seiner Seele tut er sich schwer. Unsere Zeit braucht eine Kultur des Umgangs mit sich selbst als Mann und Frau und des Umgangs miteinander.

Das Wort Jesu in Mk 10,9: „Was Gott verbunden hat, soll der Mensch nicht trennen" wird zu Recht auf die Ehe bezogen. Darüber hinaus ist es zu beziehen auf jedes Miteinander von Mann und Frau: am Arbeitsplatz, in der Nachbarschaft, in allen Bereichen der Gesellschaft, auch in der Kirche. Auch hier gibt es Defizite. Manche Frauen im kirchlichen Dienst wagen nicht, ihr Frausein zu leben. Das trifft auch für manche Frauenklöster zu, wo Mitschwestern meinen, die Blutung vor den anderen verbergen zu müssen. Machen wir ihnen Mut! Es ist für alle ein Gewinn.

Ich weiß, dass es Widerspruch gibt von denen, die es anders sehen. Ich will niemanden belehren, erst recht nicht als Mann, der diese Erfahrung nicht macht. Jeder Mensch ist selbst verantwortlich für sein Leben. Aber in vielen Gesprächen höre ich heraus die Suche nach den Wurzeln des Frauseins.

In der Heiligen Schrift kommt oft das Wort *„Erkennen"* (hebr.: jada) vor. Es ist nicht wie in unserer Zeit ein auf den Intellekt beschränkter Vorgang, sondern der ganze Mensch ist betroffen. Der Sitz des Erkennens ist nicht der Kopf, sondern das Herz. Die Aufmerksamkeit wird fühlend und handelnd auf den ganzen Menschen gerichtet. Erkennen entsteht aus dem ständigen vertrauten Umgang mit dem Gegenüber. Es ist weniger eine Sache des Wissens als der Beziehung. Wie stark *„Erkennen"* in der Bibel stets auf die ganze Person gerichtet ist, zeigt der Wortgebrauch bei der Vereinigung von Mann und Frau. In Gen 4,1 heißt es: „Adam erkannte Eva, sie wurde schwanger und gebar ...“, in 1 Sam 1,19: „Elkana erkannte seine Frau Hanna ...“ In Lk 1,34 fragt Maria den Engel: „Wie soll das geschehen, da ich keinen Mann erkenne?“ In Joh 17,3 heißt es: „Das ist das ewige Leben: dich, den einzigen wahren Gott, zu erkennen und Jesus Christus, den du gesandt hast.“ Es gibt viele andere Stellen.

Es geht um die Hinwendung und Liebe mit dem ganzen Herzen, mit ganzer Seele, mit den Gefühlen, mit ganzer Kraft – zum Menschen und zu Gott. Daraus entsteht Neues, neues Leben, wird Zukunft gestaltet. Das ist in der Bibel mit „Erkennen“ gemeint.

Nicht nur die Bibel kennt diese ganzpersonale Bedeutung, sondern auch alte hohe Kulturen. Die alten Chinesen beschäftigten sich mit der gesunden Lebensweise, mit der Philosophie als Lebenswissen, der Ernährung und den Sportarten zur Kräftigung des Körpers usw. Sie entdeckten im Körper die Energiebahnen, die Meridiane. Sie kannten die Akupunktur. Sie wiesen darauf hin, dass für die Gesundheit das Zusammenspiel aller Drüsen wichtig ist (Zirbeldrüse, Hirnanhangdrüse, Schilddrüse, Thymusdrüse, Bauchspeicheldrüse, Nebennieren, Keimdrüsen). Wenn der Energiefluss der Drüsen zueinander gestört ist, wird der Mensch krank. Sie wussten, dass die Festigkeit der Beckenorgane für die Gesundheit notwendig ist. Vom Becken steigt die Energie nach oben, wie der Dampf nach oben steigt und Kraft freisetzt.

Sie entdeckten auch, dass die Geschlechtsorgane Reflexzonen besitzen. Diese stehen mit den wichtigsten Organen im Körper in Verbindung: Das männliche Glied steht an seiner Spitze in Verbindung zu Herz und Lungen; die Zone darunter in Verbindung zur Milz und Bauchspeicheldrüse; die Zone tiefer in Verbindung mit der Leber; der Teil des Gliedes, der dem Bauch am nächsten ist, in Verbindung zu den Nieren.

Entsprechend ist es bei der Frau. Die Zone hinter dem Eingang der Scheide steht in Beziehung zu den Nieren; die Zone dahinter in Beziehung zur Leber; die Zone weiter dahinter in Beziehung zur Milz und zur Bauchspeicheldrüse; die Zone vor der Gebärmutter in Beziehung zu Herz und Lungen.

Diese Erkenntnis setzten sie in die Tat um und empfahlen den Paaren eine Stellung, die sie „Morgen- und Abendgebet“ nennen.

Dabei wird die Vereinigung von Mann und Frau aufeinanderliegend vorgenommen, 20 bis 30 Minuten lang, ohne Samenerguss des Mannes, um die Energie zu bewahren. Die Reflexzonen liegen aneinander, sie decken sich und wirken heilend zueinander. Beide werden still, kommen zur Ruhe, spüren und fühlen den gemeinsamen Atem, den gemeinsamen Pulsschlag. Unruhe, Ärger, Wut, Aggression werden abgebaut. Die Frau nimmt die positive Energie des Mannes auf, der Mann die positive Energie der Frau. Real wird umgesetzt, was die Bibel unter „Erkennen" versteht. Wer damit Erfahrung hat, sagt, dass bei allen Belastungen von außen die Liebe und die Treue stark bleiben. Auch andere Stellungen werden als heilend empfohlen bei Kreislauf-, Blutdruck-, Herz-, Nierenkrankheiten u.a. Die Vereinigung von Mann und Frau hat eine andere Qualität als das übliche „Sex-haben". Sie respektiert einander und gibt die Chance zur Liebe, die würdigend und heilend ist.

Ich bin kein Arzt und möchte mir kein ärztliches Wissen anmaßen. Aber Frauen berichten, dass bei dieser Art des Miteinanders Myome in der Gebärmutter sich zurückbilden, dass Krebs vorgebeugt wird, dass manche Krankheiten geheilt werden. Mann und Frau sind nicht Gegensatz. Sie sind Ergänzung, sie sind Partner füreinander. Ihnen ist gegeben, einander an Leib und Seele zu heilen: „Was Gott verbunden hat, soll der Mensch nicht trennen."

Ohne die Privatsphäre aus Gesprächen zu verletzen, sei hinzugefügt: Nicht wenige Vereinigungen geschehen oberflächlich, unsensibel, verantwortungslos, unter Tränen, mit der Klage: „Nie wieder!" Es sind nicht Vereinigungen, es sind Entfremdungen. Sie zerstören, sie machen die Hoffnung auf Lieben und Geliebtwerden zunichte.

Ein Hinweis zur Samenzurückhaltung des Mannes, die zuvor angedeutet wurde. Sie war in der Vergangenheit bekannt und wurde praktiziert. Unsere Gesellschaft kennt das nicht mehr. Es erfordert etwas Übung. Die Beckenmuskeln werden täglich für wenige Minuten angespannt. Das Ergebnis ist die Stärkung der Prostata und der Schließmuskel und die Kontrolle des Mannes über die eigenen Sexualorgane. Es klingt zunächst nach Anstrengung, ist aber nach kurzer Zeit angenehm. Es ist der bewusste Umgang mit dem Körper, wie auch die Frau bewusst mit ihrem Körper umgeht.

Die Samenzurückhaltung war eine Methode der verantwortlichen Elternschaft, ohne andere Mittel. Dabei hatte der Mann die

Verantwortung. Die Frau konnte sich darauf verlassen und „sich hingeben“ ohne Furcht und Angst. Der Mann gab ihr den „Schutz“ durch seine Beherrschung. Dieser Schutz wird umfassender erfahren als der „Schutz“ durch heutige Verhütungsmittel.
Zum anderen geschieht die Begegnung ganzpersonal und verleiht zugleich das Gefühl von Sicherheit und Geborgenheit und fördert den gemeinsamen Wunsch zum Kind. Der Mann erfährt sich neu in seiner männlichen Kraft, die nicht verletzend ist, sondern die Frau beschützt und achtet. Sie schenkt es ihm in vielfacher Weise zurück. So ist die Liebe.

Abschluss

„ Wenn dein Kind dich morgen fragt ...“ – lautet die Überschrift über die Vortragseihe „Sternstunden der Vertiefung in den Glauben“. Dazu drei Gedanken:

1) Bei Trauungen sage ich den Paaren gern: Es ist schön, eine Frau zu sein. Es ist schön, ein Mann zu sein. Es ist schön, einander kennen und verstehen zu lernen, auch noch mit 50 und 80 Jahren. Ich füge hinzu: Genießen Sie die Liebe, genießen Sie das Leben, genießen Sie Gott! Denn er ist die Liebe und das Leben.

Dabei meine ich nicht konsumieren. Wer konsumiert, tut es oberflächlich. Wer genießt, nimmt wahr, verkostet, verinnerlicht, lässt sich mit Leib und Seele ein, lernt kennen, entdeckt das Geheimnis des Menschseins als Schatz und Reichtum.

Gott ist sich nicht zu schade, in Jesus Christus einen menschlichen Leib anzunehmen. „Euer Leib ist ein Tempel Gottes, Tempel des Heiligen Geistes“, sagt Paulus im 1. Korintherbrief. Es ist eine interessante Entdeckungsreise, sich als Mann und Frau kennen zu lernen, sich und den anderen zu „erkennen“ – in den Freuden und Sorgen, Hoffnungen und Enttäuschungen ein Leben lang.

2) Das Bravo-Wissen reicht nicht, auch nicht das Fernseh-Wissen, nicht das Internet-Wissen. Junge Menschen haben viel Detailwissen, aber sie suchen Antworten auf die Frage: Wie schaffst du es, die Lie-

be, die Treue, die Ehe ein Leben lang? Sie suchen den Menschen, der die gelungene Liebe lebt. Entfremdung erleben sie in unserer Gesellschaft zuhauf. Wie echte liebende Gemeinsamkeit gelingt, das möchten sie wissen. Und sie möchten wissen, wie sie ihre Detailerfahrung einordnen können in eine gelungene Beziehung.

Wir „Ältesten" mit den je unterschiedlichen Lebenserfahrungen – Frauen, Männer, Mütter, Väter, Priester, im Dienst der Kirche Stehende und andere – sind den jungen Menschen das gute Beispiel und die Hinführung zum Ursprung schuldig. Der Körper ist das Zuhause für Seele und Geist. Seele und Geist müssen sich in ihm wohlfühlen. Der Körper ist ein Instrument mit vielen Melodien, die das Leben spielt. Nicht der Körper herrscht über Seele und Geist, sondern Seele und Geist wollen über den Körper herrschen. Das ist das alte und gute Lebenswissen hoher Kulturen. Das sagen auch die Texte der Heiligen Schrift. Der Geist ist Leben. Der Körper ist das Instrument zum Leben.

3) Erinnert sei an die Heilungserzählungen in der Heiligen Schrift: Blinde, Lahme, Aussätzige, die Frau mit der ständigen Blutung und andere werden geheilt. Was geschieht hier? Jesus holt die Kranken in ihren Körper zurück, in die Kraft des Augenlichtes, in die Kraft der Gelenke, in die Kraft des Selbstbewusstseins („Ich bin nicht ausgestoßen, ich bin etwas wert!"), in die Kraft des viele Jahre hindurch verletzten und verschlossenen Schoßes. Sie werden geheilt.

Wir schulden den jungen Menschen die Hinführung zur heilenden Ursprünglichkeit und Echtheit als Mann und Frau, zur Identität, zur Authentizität, weg von der Entfremdung, von dem Gespaltensein. Körper, Seele und Geist sind einander zugeordnet. Mann und Frau sind einander zugeordnet. Sie sind eine Einheit: „Und sie werden ein Fleisch" (Gen 2,24). Die Einheit muss das Ziel sein und bleiben, wie sie vom Schöpfer beabsichtigt ist. Wo dies geschieht, gibt es weniger Enttäuschungen, Entfremdungen, Verletzungen, Trennungen, Scheidungen, Gewalttaten. Unser Kapital ist nicht die Technik, sind nicht die Strukturen, nicht das Geld. Unser Kapital ist die Kraft des Ursprunges aus Gott und die Vollendung in Gott. Der Mensch tut gut daran, aus dieser göttlichen und heilenden Quelle zu schöpfen und zu leben.

Mit dem Antwortgesang aus der Vesper zum Kirchweihfest möchte ich schließen. Er steht im Gotteslob unter Nr. 651 und fasst zusammen, was ich angesprochen habe:

„Ihr seid der Tempel Gottes; in euch wohnt Gottes Geist.

Ihr seid auferbaut in Christus.

Singt das Lob des Vaters und des Sohnes und des Heiligen Geistes.

Ihr seid der Tempel Gottes; in euch wohnt Gottes Geist."

Gibt es eine Unsterblichkeit?

Die Befunde der Bibel und der Glaube der Kirche

Helmut Röhrbein-Viehoff

Ich möchte Sie im Geiste mitnehmen in die Marienkirche nach Jerusalem. Dort gibt es auf dem Zionsberg, dem christlichen Zion, die Dormitio. Eine Kirche, ungefähr 100 Jahre alt, verbunden mit einer Benediktinerabtei. Die Abtei nennt sich seit ein paar Jahren Hagia Maria Zion – Heilige Maria vom Berge Zion. Und die Kirche „Dormitio" bedeutet auf Deutsch: das Entschlafen. Das Entschlafen Mariens ist gemeint. Denn hier wird an den Heimgang Mariens oder – so können wir wohl auch sagen – an die Himmelfahrt Mariens erinnert.

Die Himmelfahrt Mariens

Einige von Ihnen erinnern sich vielleicht noch an das Jahr 1950, als der damalige Papst Pius XII. das Dogma von der leiblichen Aufnahme Mariens in den Himmel verkündete. Lästerliche Zungen behaupten, er wollte damit mal probieren, wie sich Unfehlbarkeit anfühlt. Denn seit der Definition des Unfehlbarkeitsdogmas im Jahre 1870 hatte kein Papst davon Gebrauch gemacht. Und dieses Dogma von 1950 ist seitdem das erste und einzige, wo ein Papst ausdrücklich unter Berufung auf seine Unfehlbarkeit etwas als Glauben der Kirche definiert hat.

Aber natürlich hat der Papst sich das nicht ausgedacht und nicht einfach so aus seinem theologischen Ideenhimmel gegriffen. Vielmehr wollte er damit in einer Kurzformel des Glaubens formulieren, was seit eh und je Glaube der Kirche ist. Nämlich, dass Maria, die Mutter Jesu, mit Leib und Seele bei Gott ist. Das entsprechende Fest, das wir am 15. August feiern, hat natürlich auch nicht erst dieser Papst Pius XII. eingeführt, sondern das feiert die Kirche in Ost und West schon seit dem 5. Jahrhundert.

In Jerusalem ist sozusagen der Ursprungsort dieses Festes, und wenn Sie in der Kirche der Dormitio-Abtei in die Krypta gehen, dann finden Sie dort eine liegende Figur, welche die entschlafene Maria darstellt, und an der Wand eine Darstellung als Ikone entsprechend der orientalischen Tradition: Maria liegt sterbend auf einem Bett, und um sie herum stehen die Apostel. Und von oben wird sie empfangen von ihrem Sohn.

Ganz Ähnliches habe ich vor Kurzem auf einem wunderschönen mittelalterlichen gotischen Altarbild gesehen – in der Stiftskirche zu Bützow. Wenn Sie da mal hinkommen nach Mecklenburg: Es lohnt sich, dort hineinzugehen. Da ist dieses Geschehen in drei Etagen dargestellt. Unterste Etage: was ich eben gesagt habe – Maria liegend, die Apostel um sie herum. In der Mitte als Hauptbild: Jesus, in voller Größe, hält Maria auf dem Arm. Und oben – die Krönung dieses Altaraufbaus – ist tatsächlich eine Krönung zu sehen, die Krönung Mariens. Jesus setzt seiner Mutter die Krone auf; Maria wird zur Himmelskönigin.

Das Beispiel Jerusalem (Dormitio) und das Beispiel Bützow sollen nur deutlich machen: Es ist eine ganz lange Tradition des Glaubens, die dann 1950 vom Papst in diese dogmatische Formel gegossen wurde: „Maria mit Leib und Seele in den Himmel aufgenommen".

Leib und Seele – ein Gegensatz?

Keine Angst, ich bin schon beim Thema! Denn was die Kirche seit dem 5. Jahrhundert feiert und was der Papst 1950 in dieses Dogma gefasst hat, das ist ja keineswegs selbstverständlich für christliches Denken und Glauben. Vor allem ist es überhaupt nicht selbstverständlich für griechisches Denken. Griechisches Denken sieht nämlich einen Gegensatz, einen fundamentalen Gegensatz zwischen Leib und Seele. Oder vielleicht noch schärfer formuliert:

zwischen Körper und Geist. Im Menschen, so sagt die griechische Philosophie, werden diese beiden gegensätzlichen Prinzipien gewissermaßen zusammengezwungen: als Geist im Körper. Aber sie wollen eigentlich immer auseinander. Und folglich ist der Tod die Befreiung der Seele aus dem Leib.

Für Platon zum Beispiel ist der Leib geradezu das Gefängnis der Seele. Die Seele ist gefangen im menschlichen Körper, und Sokrates kann deswegen ganz beruhigt auf seinen Tod, seine Hinrichtung, warten, weil er weiß: Dann wird meine Seele befreit aus dem Gefängnis des Körpers. Der Tod also ist Befreiung der unsterblichen Seele vom sterblichen Leib.

Und Aristoteles, der andere große griechische Philosoph, argumentiert so: Weil die Seele unteilbar ist (auf griechisch A-tom: un-teilbar), darum kann sie nicht zerstört werden und ist darum unsterblich. Und daher passt die unsterbliche Seele nicht in den sterblichen Leib. Erlösung im griechischen Denken ist also Erlösung vom Leib. Die Seele wird vom Leib erlöst.

Ganz anders das hebräische, das jüdische, das biblische Denken. Da geht es niemals um Erlösung *vom* Leib, sondern um Erlösung *des* Leibes – beziehungsweise Erlösung des ganzen, unteilbaren Menschen. Denn nach biblischem Menschenbild *habe* ich nicht einen Leib, sondern: Ich *bin* mein Leib, ich bin leiblich. Mein Leib ist nicht etwas Äußerliches, was sozusagen von außen zu meiner Identität hinzukommt, sondern es ist wesentlich menschlich, leiblich zu sein. Genauso habe ich nicht eine Seele, sondern ich bin seelisch. Es ist genauso eine wesentliche Dimension meines Menschseins, seelisch zu leben, wie es meine Leiblichkeit ist. Leiblich – seelisch, eine Einheit!

Wenn es nun um den Leib geht, um die Erlösung des Leibes, um die Auferstehung des Leibes, dann geht es dabei allerdings nicht um Chemie. Nicht um Moleküle. Meine Moleküle haben sich bekanntlich schon x-mal erneuert. Es sind gar nicht mehr dieselben, mit denen ich angefangen habe. Trotzdem bin *ich* derselbe geblieben. Hoffe ich jedenfalls. Nicht die Chemie macht meine Identität aus. Aber was dann?

Sicherlich ganz wesentlich meine Geschichte. Meine Lebensgeschichte. 52 Jahre bin ich jetzt alt. Das hat seine Spuren hinterlassen. Es gibt Kratzer und Schrammen, die sind wieder verschwunden nach kurzer Zeit. Aber ich trage auch Narben, die bleiben. Die gehören zu mir, zu meiner Lebensgeschichte dazu. Und inzwischen haben sich Falten eingestellt auf meinem Gesicht, die kriege ich auch nicht mehr weg. Die gehören auch zu mir, zeigen etwas von meiner Geschichte. Und ganz sicherlich sind meine Hände Ausdruck meiner Geschichte und meines Lebens. Sie sehen: Das sind keine Arbeiterhände, keine Pranken; das sind eher Hände, die schreiben oder Bücher umblättern. Das kann man schon allein so an den Händen erkennen. Und ganz eindeutig wird es, wenn es um die Linien in meinen Handflächen geht. Diese Linien in diesen Handflächen habe nur ich, die gibt es kein zweites Mal auf der Welt. Meine Identität drückt sich darin aus. So bin ich bestimmt durch meinen Leib und durch die Geschichte, die ich trage an meinem Leib und in meinem Leib.

Und etwas Zweites ist genauso wichtig für meine Identität: meine Beziehungen. Mit wem stehe ich in Beziehung? Mit wem kommuniziere ich? Ganz viele Menschen, ganz unterschiedliche Menschen. Manches Mal ist das nur einmalig und vorübergehend. Andere Beziehungen sind dauerhaft oder gar für immer angelegt. Aber egal, mit wem ich kommuniziere, immer geht es nur über meine Sinne. Über das Hören und Sehen, Tasten und Fühlen, Riechen und Schmecken. Auch Sprechen kann ich nur durch meinen Leib. Wir können nicht kommunizieren ohne unsere Sinne. Wir können nur in Beziehung sein, weil wir leiblich sind. Also auch meine Beziehungsgeschichte als wesentlicher Teil meiner Lebensgeschichte geht über meinen Leib.

Und nun glaube ich, dass all dieses – meine Lebensgeschichte, meine Beziehungsgeschichte – im Sterben nicht verloren geht und nicht bloße Vergangenheit wird, sondern gerade im Sterben und im Tod zum Ziel kommt. Dieses Ziel bei Gott schneidet mich nicht ab von meiner irdischen Existenz, sondern hebt diese irdische Existenz in den Himmel. In die Vollendung. Das heißt auch, dass all das, was an mir und meiner Geschichte unvollkommen geblieben ist (und das wird das Allermeiste sein), was sozusagen Bruchstück geblieben ist, was vielleicht sogar entzweigegangen ist – all die Scherben, die ich mitbringe –: All das wird von Gott eingesammelt und von ihm zusammengefügt zu etwas Ganzem, Rundem und Heilen. Wird von Gott heilgemacht.

Auferweckung, von der die Bibel spricht, ist also etwas ganz anderes als Unsterblichkeit. Unsterblichkeit wäre eine Eigenschaft, die ich als Mensch hätte. Weil beispielsweise meine Seele, so wie Aristoteles es definiert, unsterblich ist. Oder – im Falle der Mythologie: Achill oder Siegfried – weil ich durch irgendein Mittel mir diese Unsterblichkeit erworben hätte. Da ist die Bibel ganz klar: Der Mensch muss sterben. Der Mensch ist ein endliches Geschöpf, und zu seiner Endlichkeit gehört auch die Befristung seines Lebens. Endlichkeit, Sterblichkeit – wir müssen uns damit abfinden.

Von uns aus haben wir keine Argumente einzufordern, dass es uns ewig geben müsste. Warum soll es mich ewig geben? Dafür gibt es keinen Grund, von mir aus; es sei denn diesen einzigen möglichen Grund, dass Gott von mir nicht lassen will. Dass Gott mich nicht verlieren will. Dass er, der mich schon vor Beginn meiner Existenz gewollt hat, der mich ins Dasein gerufen hat, dass er diese Beziehungsgeschichte nicht abbrechen will. Und auch nicht durch den Tod sich abschneiden lassen will. Also nicht, weil ich so toll bin, spekuliere ich auf Unsterblichkeit, sondern weil Gott es von sich aus sich nicht nehmen lassen will, mit mir lebendige Beziehung zu haben. Darum setzt er selbst den Tod schachmatt.

Gottesgemeinschaft über den Tod hinaus

Und das ist nun ein Gedanke, der schon im Alten Testament beginnt. Ich möchte Ihnen nur ein paar Hinweise geben, wie sich dieser Gedanke im Alten Testament entwickelt und wie er dann im Neuen Testament aufgegriffen und weitergeführt wird. Zunächst mal ist die alttestamentliche Vorstellung: Der Mensch, der stirbt, fällt aus dem Leben heraus und sinkt hinab ins Schattenreich. „Scheol" ist dafür das hebräische Wort: Scheol, die Unterwelt, die Schattenwelt. Eine Existenz, die ganz nah am Nichts ist. Das ist das Schicksal aller Menschen, die sterben. Und da gibt es auch keinen Ausweg und keine Wiederkehr.

David zum Beispiel: Als sein erstes Kind, das er mit Batsewa gezeugt hat, stirbt, da klagt er: „Kann ich es zurückholen? Ich werde einmal zu ihm gehen, aber es kommt nicht mehr zu mir zurück"

(2 Sam 12,23). Oder der leidende Hiob sagt: „So steigt nie mehr auf, wer zur Unterwelt fuhr. Nie kehrt er zurück in sein Haus, nie mehr erblickt ihn sein Ort" (Ijob 7,9f.). Das ist, menschlich gesehen, der Schlusspunkt: die Scheol, das Schattenreich.

Aber wenn Gott der Schöpfer der gesamten Wirklichkeit ist, dann reicht seine Macht auch in dieses Schattenreich hinein. Auch noch ins Totenreich hinein kann Gott sprechen. Sie kennen vermutlich alle aus dem Psalm 139 diesen Vers: „Steige ich hinauf in den Himmel, so bist du dort. Bette ich mich in der Unterwelt, bist du zugegen" (V. 8). So spricht der Beter zu seinem Gott. Oder am Ende von Psalm 22, dem Sterbegebet eines frommen Juden, dem Sterbegebet Jesu – am Ende dieses Psalms heißt es: „Vor ihm (Gott) sollen sich niederwerfen alle, die in der Erde ruhen" (V. 30). Und das Buch der Sprichwörter weiß: „Totenreich und Unterwelt liegen offen vor dem Herrn" (Spr 15,11).

Es gibt also biblisch, alttestamentlich – eine Hoffnung auf Gottesgemeinschaft noch über den Tod hinaus. „Gott wird mich loskaufen aus dem Reich des Todes. Ja, er nimmt mich auf" (Ps 49,16), so heißt es in einem anderen Psalm. Oder Psalm 73: „Ich aber bleibe immer bei dir; du hältst mich an meiner Rechten. Du leitest mich nach deinem Ratschluss und nimmst mich am Ende auf in Herrlichkeit" (23f.).

Eine letzte Hoffnung, die schon in der Bibel anklingt, geht dann dahin, dass Gott selbst den Tod beseitigt, für immer. Bei Jesaja finden wir das: „Deine Toten werden leben, die Leichen stehen wieder auf; wer in der Erde liegt, wird erwachen und jubeln" (Jes 26,19).

Das Hohelied der Liebe weiß: „Stark wie der Tod ist die Liebe" (Hld 8,6). Und so sieht, vor seinem inneren Auge, dann der Prophet Daniel die Offenbarung von der endzeitlichen Auferweckung der Toten. Da heißt es: „Von denen, die im Land des Staubes schlafen, werden viele erwachen: die einen zum ewigen Leben, die anderen zur Schmach, zur ewigen Abscheu" (Dan 12,2).

Die Makkabäer, die den Kampf führen gegen die heidnische Besatzung ihres Landes, im zweiten vorchristlichem Jahrhundert, formulieren an einigen Beispielen diese Auferstehungshoffnung, die in Israel wach wird. Zum Beispiel sagt der alte Schriftgelehrte Eleasar kurz vor seinem Martyrium: „Doch nie, weder lebendig noch tot, werde ich den Händen des Allherrschers entfliehen" (2 Makk 6,26).

Ferner: die sieben Brüder und ihre Mutter. Da sagt einer von ihnen zu seinem Folterer: „Du Unmensch, du nimmst uns dieses Leben; aber der König der Welt wird uns zu einem neuen, ewigen Leben auferwecken" (2 Makk 7,9). Und weiter: „Gott hat uns die Hoffnung gegeben, dass er uns wieder auferweckt. Darauf warten wir gern, wenn wir von Menschenhand sterben. Für dich aber gibt es keine Auferstehung zum Leben" (14). Und die Mutter dieser sieben Söhne, die mit ansehen muss, wie einer nach dem anderen wegen des Glaubens umgebracht wird, sagt zu ihnen: „Der Schöpfer der Welt hat den werdenden Menschen geformt, als er erstand. Er gibt euch gnädig Atem und Leben wieder, weil ihr jetzt um seiner Gesetze willen nicht auf euch achtet" (23). Und zum letzten, ihrem jüngsten Sohn sagt sie: „Hab keine Angst vor diesem Henker; sei deiner Brüder würdig und nimm den Tod an! Dann werde ich dich zur Zeit der Gnade mit deinen Brüdern wiederbekommen" (29).

Noch zwei weitere Belege aus dem Alten Testament: Der erste kommt ebenfalls aus dem Buch der Makkabäer. Da wird eine Sammlung veranstaltet, eine Geldsammlung, um damit ein Sühnopfer für die Toten dieses Krieges in Jerusalem möglich zu machen. Und da heißt es von einem gewissen Judas: „Er veranstaltete eine Sammlung, an der sich alle beteiligten, und schickte etwa 2000 Silberdrachmen nach Jerusalem, damit man dort ein Sündopfer darbringe. Damit handelte er sehr schön und edel, denn er dachte an die Auferstehung. Hätte er nicht erwartet, dass die Gefallenen auferstehen werden, wäre es nämlich überflüssig und sinnlos gewesen, für die Toten zu beten" (2 Makk 12,43–45). – Damit sind wir, zeitlich und sachlich, schon sehr nah am Neuen Testament.

Ein letzter Text, ungefähr 50 vor Christus entstanden, stammt aus dem Buch der Weisheit: „Denn Gott hat den Tod nicht gemacht und hat keine Freude am Untergang der Lebenden. Zum Dasein hat er alles geschaffen, und heilbringend sind die Geschöpfe der Welt. Kein Gift des Verderbens ist in ihnen. Das Reich des Todes hat keine Macht auf der Erde. Denn die Gerechtigkeit ist unsterblich. Gott hat den Menschen zur Unvergänglichkeit erschaffen und ihn zum Bild seines eigenen Wesens gemacht. Doch durch den Neid des Teufels kam der Tod in die Welt, und ihn erfahren alle, die ihm angehören" (Weish 1,13–15; 2,23–24). In diesem ganz späten alttestamentlichen Text ist nun allerdings die Rede von Unsterblichkeit und Unvergänglichkeit. Wir hören, wie da ganz stark griechisches Denken miteinfließt in dieser Zeit, in dieser Epoche, als auch das Judentum sich der hellenistischen Umwelt weit geöffnet hat. Aber es bleibt dabei: Nicht von sich aus ist der Mensch unvergänglich oder unsterblich, sondern weil Gott ihn so will: als Ebenbild Gottes. Das ist die eigentliche Begründung dieses Textes.

Gott hat den Menschen nach seinem Ebenbild geschaffen, und das heißt, der Mensch ist für Gott ein Gegenüber, ein Du, auf das er sich in Liebe bezieht. Und diese Beziehung soll nach Gottes Willen nicht zu Ende gehen. Sie soll dauern, und sie soll über alle Unvollkommenheit unseres Erdenlebens hinaus in die Vollkommenheit des göttlichen Lebens verwandelt werden.

Doch dagegen steht nun allerdings der Tod als Folge der Sünde. Hier in diesem letzten Bibeltext war vom Teufel die Rede, der den Tod in die Welt gebracht hat.

„Wer an mich glaubt, wird leben"

Vom Tod als Folge der Sünde spricht dann auch das Neue Testament. Paulus zum Beispiel im Römerbrief: „Der Tod ist der Sünde Sold" (6,23). Das ist sozusagen der Preis, den wir für die Sünde zahlen. Oder der Jakobusbrief: „Ist die Sünde reif geworden, bringt sie den Tod hervor" (1,15b).

Wie ist das zu verstehen? Unser Wort Sünde hängt ja zusammen mit sondern, absondern, trennen. Sünde meint also immer eine Trennung, Trennung von Gott, Trennung von den Mitmenschen. Todsünde ist dann die völlige Scheidung von Gott als dem Ursprung des Lebens. So sagt Paulus im Römerbrief: „Ihr seid entweder Sklaven der Sünde, die zum Tod führt, oder ..." (6,16) – und dann kommt die Alternative: Wenn Gott der Ursprung des Lebens ist und Sünde Trennung von Gott heißt, dann bedeutet das: Wir schneiden uns ab vom Ursprung des Lebens. Wir nehmen das Leben in die eigene Hand. Wir wollen leben von eigenen Gnaden. Uns nicht mehr geschenkt verstehen vom Schöpfer, sondern uns selbst erschaffen. Das kann nicht gut gehen, sagt die Bibel. Wer seine Geschöpflichkeit nicht als Geschenk annehmen mag, wer sich trennt vom Urgrund der Schöpfung, vom lebendigen Gott, der schneidet sich ab vom Leben selbst. Der schafft sich selbst den Tod. Und so ist in der Tat der Tod die konsequente Folge der Sünde, der Absonderung von Gott.

Und nun bekennen wir Christen, dass Jesus selbst, Gottes Sohn, Sünde und Tod auf sich genommen hat, um uns eben davon zu befreien. Also um die Verbindung wiederherzustellen zwischen Gott und Mensch und Mensch und Gott. Um diese gestörte oder zerstörte Beziehung wiederherzustellen. Wer sich an Jesus Christus hält, so ist das neutestamentliche Zeugnis, wer sich im Glauben an den Auferstandenen hält, der kommt in das neue Leben mit Gott hinein – schon hier und jetzt. Darum kann Paulus im ersten Korintherbrief geradezu triumphalistisch fragen: „Tod, wo ist dein Sieg? Tod, wo ist dein Stachel?" (15,55). Und Jesus sagt zu Marta im Gespräch über den verstorbenen Lazarus: „Ich bin die Auferstehung und das Leben. Wer an mich glaubt, wird leben, auch wenn er stirbt" (Joh 11,25).

Christen brauchen den Tod also nicht mehr zu fürchten, weil die Macht des Todes gebrochen ist. Denn „der letzte Feind, der entmachtet wird, ist der Tod" (1 Kor 15,26). Wenn der Tod von Gott selbst auf den zweiten Rang verwiesen wird, dann hat das letzte Wort in unserem Leben nicht der Tod, sondern Gott. Gott, der nicht aufhört, uns zu lieben, und dessen Liebe stärker ist als der Tod. Und diese Liebe Gottes, die stärker ist als der Tod, die will uns so, wie wir sind, mit unserer leiblich-seelischen Existenz, in sein Leben herüberziehen.

Unsere Heimat ist im Himmel

Genau das feiern wir an Mariä Himmelfahrt. Das wird sozusagen anschaulich gemacht, uns vor Augen gestellt an Mariä Himmelfahrt. Maria, mit Leib und Seele aufgenommen in den Himmel, zeigt, was aus uns werden kann. Was uns alle erwartet. Was uns allen blüht. Sie hat uns in dem Sinn nichts voraus. Selbst zeitlich gesehen kann man nicht sagen, dass sie uns etwas voraus hat, denn Zeit und Raum sind irdische Kategorien. Wir können nur in Zeit und

Raum denken. Aber das gilt nur für das Diesseits. Für Gott gibt es kein Vorher und Nachher, kein Hier und Dort. Für Gott ist alles Ewigkeit. Und Ewigkeit meint ja nicht unendlich lang fortlaufende Zeit; sondern Ewigkeit ist gefüllter Augenblick. „Nunc stans" haben die Theologen im Mittelalter mal gesagt: stehendes Jetzt.

Gefüllte Zeit, das ist kein quantitativer, sondern ein qualitativer Begriff. Und so glauben wir, dass unser Leben, welches sich in Raum und Zeit entfaltet, am Ende eingesammelt wird und zu etwas Ganzem, Rundem und Heilen wird in dieser Ewigkeit Gottes. So wie es der Philipperbrief sagt: „Unsere Heimat ist im Himmel. Von dorther erwarten wir auch Jesus Christus, den Herrn, als Retter, der unseren armseligen Leib verwandeln wird in die Gestalt seines verherrlichten Leibes, in der Kraft, mit der er sich alles unterwerfen kann" (3,21).

Wer ist Maria?

Drei, die sie kannten, antworten

Sr. Maria Clemente Bonhaus

Schon seit 50 Jahren bin ich Missionsschwester Mariens. Ich komme aus einer Familie, in der seit vielen Generationen Maria besonders verehrt wird. Wenn mich ein Kind fragen würde: „Wer ist Maria?", würde ich es an die Hand nehmen und zur Marienstatue in die katholische Kirche St. Marien in Quickborn gehen.

Wer ist Maria? Im Folgenden kommen drei Personen zu Wort, die mit Maria gelebt haben.

Elisabet berichtet

Maria, ich grüße dich. Schön, dass du da bist.
Du stehst da mit offenen Armen.
Es ist wie damals, als du mich spontan besucht hast.
Erinnerst du dich?
Uns beiden verbindet ja eine gemeinsame Geschichte.
Du weißt, was mein Name bedeutet –
Elisabet: Gott ist Fülle.
Diesen Namen trage ich nun schon ein Leben lang.
Aber das, was ich mir von Gott als Fülle erträumte, hat sich zunächst für mich nicht gezeigt.
Wie alle Frauen aus unserem Volk wartete ich auf die Ankunft des Messias.
Ob Jahwe mich als Mutter aussucht?
Mit Zacharias habe ich oft über meine Sehnsucht gesprochen – damals, als wir beide noch jung waren.

Wir wünschten uns beide einen Sohn.

Aber ein Jahr um das andere verging, ohne dass ich schwanger wurde.

Überall wurde ein Kind geboren, nur nicht in unserem Haus.

Du kannst dir vorstellen, was das bei den Nachbarn und Freunden auslöste.

Beim Wasserholen tuschelten sie hinter meinem Rücken über mich:

Schau, die fromme Elisabet hält sich an alle Gebote und Vorschriften und doch bleibt sie kinderlos.

Warum wird sie so von Jahwe gestraft?

„Die Unfruchtbare“, dieses Schimpfwort ist für mich unerträglich geworden.

Wenn wir uns zum Gottesdienst in der Synagoge trafen, war es wie ein Spießrutenlaufen.

Ich gebe zu, einige Male begann ich selbst damit, meine Hoffnung aufzugeben.

Dann kam ganz leise die Frage über uns: „Warum, Jahwe, du Allerhöchster, warum tust du uns das an?

Immer haben wir uns bemüht, auf dein Wort zu hören und deine Gebote treu zu beachten.

Warum gerade wir?“

Und doch haben wir beide, Zacharias und ich, nicht aufgehört, um ein Kind zu beten.

Auch als wir älter wurden.

So vergingen für uns die Jahre.

Aber eines Tages passierte Folgendes: Zacharias kam vom Gottesdienst nach Hause, ohne ein Wort herauszubringen. Auf meine drängenden Fragen schüttelte er nur den Kopf und blieb stumm.

Das kannte ich überhaupt nicht von ihm.

Wir hatten doch bis jetzt alles miteinander geteilt.

Weißt du, Maria, wie es ist, wenn dein Mann kein Wort mit dir spricht?

Ich begriff überhaupt nichts mehr. Etwas Ungeheuerliches musste im Tempel passiert sein.

Ich wartete geduldig.

Dann schrieb Zacharias einen Satz auf die Tafel, der mir die Sprache verschlug. Da stand: „Wir bekommen einen Sohn!“

Maria, kannst du dir vorstellen, wie das bei mir ankam?

Wir bekommen ein Kind!

Ich, in meinem Alter, sollte ein Kind bekommen und es austragen?

In meinem Alter?

„Bei Gott ist nichts unmöglich", hatte der Engel gesagt, schrieb Zacharias weiter.

Und tatsächlich, in diesen Tagen erwachte unsere Liebe aufs Neue.

Ich wurde schwanger.

Ich kann nicht beschreiben, was mit mir geschah.

Es war für mich wie ein Wunder.

Eine Welle der Freude erfasste mich, ich konnte es nicht glauben.

Da wuchs ein Kind in meinem Leib heran und ich durfte es austragen.

Auch Zacharias konnte diese Ungeheuerlichkeit kaum glauben.

Seine Augen leuchteten, aber er blieb stumm!

Nach und nach schrieb Zacharias die wundersamen Verheißungen des Engels auf:

Unser Sohn würde groß sein vor dem Herrn.

Wie der mächtige Prophet Elija würde er auftreten und dem Herrn den Weg bereiten.

„Wollen wir unseren Sohn Zacharias nennen?", fragte ich.

„Nein", schrieb Zacharias auf, „sein Name wird Johannes sein."

Ich wagte mich kaum aus dem Haus. Jetzt werden sie wohl erst recht lachen, die bisher über mich geredet hatten.

Ich war bereits im sechsten Monat, da kamst du, Maria, den langen Weg durch das Gebirge.

Als wir uns umarmten, hüpfte das Kind in meinem Leib vor Freude auf.

Tief in meinem Innern erkannte ich, dass du gesegnet bist von Gott und ebenfalls ein Kind erwartest.

Du, Maria, so jung noch, und ich in meinem hohen Alter.

Da kam es wie eine Kraft Gottes über mich und ich rief:

„Wie kommt es, dass die Mutter meines Herrn zu mir kommt?"

Du stimmtest das Loblied unserer Ahnfrau Hanna an, das Magnificat.

Das Lied, das allen Menschen, besonders den Frauen, Mut macht.

Drei Monate waren wir zusammen.

Wir hatten uns viel zu erzählen und konnten unsere neuen Erfahrungen miteinander teilen.

Mir hat die Zeit gutgetan.

Danke, Maria, ich bin froh, dass es dich gibt und dass du mir so nahe bist.

Johannes berichtet

Maria, dir bin ich zum ersten Mal bei der Hochzeit zu Kana begegnet. Ich habe es bis heute nicht vergessen. Niemand hatte die Not der Brautleute gesehen.

Der Wein ging zur Neige und sie waren in Sorge.

Was hat dich bewogen, zu deinem Sohn zu gehen?

Soviel ich weiß, hat er bis dahin noch kein einziges Wunder gewirkt.

Die Antwort deines Sohnes hat mich – ehrlich gesagt – schockiert!

„Frau, was geht's dich an, was ich tue? Meine Stunde ist noch nicht gekommen."

Was hast du da empfunden?

Jedenfalls wendest du dich nicht beleidigt weg, sondern gehst vorsorglich zu den Dienern und bereitest das Wunder vor.

Diesen Satz: „Was er euch sagt, das tut!", habe ich bis heute nicht vergessen.

Du weißt, dass ich von der ersten Begegnung an – damals am See – ihm gefolgt bin.

Für mich waren es Eindrücke und Erlebnisse, die ich kaum beschreiben kann.

Noch nie ist ein Mensch so liebevoll auf die anderen Menschen zugegangen.

Jesus gab jedem das Gefühl: Du bist mir heute wichtig!

Ich denke dabei an den blinden Bartimäus oder den Zöllner Levi.

Dabei konnte er den Kranken die Hände auflegen und sie heilen.

Auch Kinder waren ihm wichtig. Du glaubst nicht, wie liebevoll er sie umarmte.

Einmal hörte ich eine Frau unterwegs rufen: „Selig der Schoß, der dich getragen, und die Brust, die dich genährt hat!"

Dein Sohn antwortete spontan: „Ja, selig, die das Wort Gottes hören und es befolgen."

Ich spürte bei dieser Äußerung, wie tief dein Sohn mit dir verbunden ist.

Aber du hast, wie jede Mutter, mühsam gelernt, deinen Sohn loszulassen.

Einmal kamst du und die Verwandten, um Jesus zu sehen. Die Umstehenden sagten zu ihm: „Deine Mutter und deine Brüder stehen draußen und suchen dich."

Jesus fragte sie: „Wer ist meine Mutter und wer sind meine Brüder?" Dann gab er selbst die Antwort: „Wer den Willen meines Gottes tut, der ist mir Bruder, Schwester, Vater und Mutter."

Sag, Maria, wie hast du diese Worte gehört?

Hat dein Sohn anschließend mit dir darüber gesprochen?

Manchmal habe ich dich im Kreis der übrigen Frauen erlebt. Ganz bestimmt war es wichtig, mit ihnen das Erlebte auszutauschen.

Wir haben uns erst auf dem Weg zum Kalvarienberg wiedergetroffen. Ich fühlte mich ziemlich hilflos beim Anblick dieses geschundenen und geschlagenen Jesus.

Es war gut, dass du da warst. Für mich war es kaum zu ertragen, wie der beste Freund gequält, gedemütigt und schließlich gekreuzigt wird.

Ich bin froh, dass ich bis zum letzten Atemzug geblieben bin, auch wenn es fast über meine Kräfte ging.

Er schaute mich lange an und sagte: „Da ist deine Mutter."

Dann sah er dich an und sagte: „Frau, da ist dein Sohn."

Ich spüre tief im Innern, wir beiden haben etwas gemeinsam: Wir lieben ihn und können ihn nicht vergessen.

Josef berichtet

Maria, uns beide verbindet etwas Großartiges: Jahwe hat uns beiden seinen eigenen Sohn anvertraut. Was für eine Verantwortung, aber auch Auszeichnung!

Ich komme zwar aus dem Stamm Davids, dem vornehmsten, du weißt es. Aber als wir uns kennen und lieben lernten, habe ich dir von meinem Beruf als Zimmermann erzählt. Ich habe dir vertraut und wir haben uns verlobt.

Dann sah ich dich hochschwanger wieder. Ich begriff es nicht. Sollte ich mich so getäuscht haben? Welcher Mann spielte in deinem Leben eine größere Rolle?

Das brachte mein Lebenskonzept völlig durcheinander. Um dich nicht bloßzustellen, wollte ich mich in aller Stille und ohne Aufsehen von dir trennen.

Ich betete um Klarheit zum Gott Jahwe, der meine Zuflucht ist.

„Aus der Tiefe rufe ich zu dir. Höre, o Gott, mein lautes Klagen."

In der Nacht ließ Jahwe mir durch seinen Engel eine Botschaft zukommen.

Er sagte wörtlich: „Josef, scheue dich nicht, Maria, deine Frau, zu dir zu nehmen, denn was in ihr gezeugt wurde, ist vom Heiligen Geist. Sie wird einen Sohn gebären und du sollst ihm den Namen Jesus geben, denn er wird sein Volk von seinen Sünden erlösen."

Du kannst dir denken, dass ich danach nicht wieder einschlafen konnte.

Sollte das der seit Jahrtausenden ersehnte Messias sein, der vom Propheten Jesaja vorhergesagte wurde? Ich hatte große Scheu, weiter darüber nachzudenken. Es passierten große Dinge und ich sollte dabei sein.

Maria, dich sollte ich als meine Frau annehmen, aber auch das Kind, das bereits in deinem Leib heranwuchs! Du erinnerst dich an diese Zeit. Ich schaute dich an und dein Lächeln machte dich schön.

Und es war ein Leuchten in deinen Augen. Ich gewann dich sehr lieb.

Wir konnten nicht in Ruhe die Geburt erleben. Kaiser Augustus hatte zu einer Volkszählung gerufen. Das heißt für mich, Galiläa zu verlassen und in unsere Heimatstadt Betlehem zu gehen. Ausgerechnet dort in der Fremde wurde unser Sohn geboren – sozusagen unterwegs.

Ich war froh, dass ich nicht allein fortgegangen war. So konnte ich dir in allem zu Hilfe kommen. Der schönste Augenblick war für mich, als du unseren Sohn zum ersten Mal an die Brust legtest, um ihn zu nähren. Als ich ihn schließlich im Arm hatte, war mein Glück vollkommen.

Ich spürte, jetzt fängt etwas ganz Neues an.

Und, Maria, erinnerst du dich an die Hirten, die unseren Sohn bestaunten und schließlich voll Ehrfurcht sich hinknieten? Sie berichteten von wunderbaren Sachen und Engeln mitten in der Nacht, die in ihrer Freude von dem neugeborenen Kind erzählten. Sie mussten aufbrechen, um es zu sehen.

Wir haben später noch oft darüber gesprochen. An dir bewundere ich die Gabe, ungewöhnliche Dinge in deinem Herzen zu bewahren.

Aber es gibt auch Bitteres und Schweres, dass wir beide bei der Beschneidung Jesu erlebt haben. Du erinnerst dich an den greisen Simeon, dessen Augen vor Freude leuchteten, als er unseren Sohn im Arm hielt. Alles an ihm strahlte die Seligkeit aus, dass sein Hoffen und Warten auf den Messias belohnt wurde. Er schaute dich lange an, segnete dich und schaute gleichsam in die Zukunft, als er prophezeite: „Siehe, dieser ist gesetzt zum Falle und Aufstehen vieler in Israel. Aber auch deine Seele wird ein Schwert durchdringen!" (Lk 2,34f.).

Das war bestimmt nicht leicht für dich. Ich spürte in mir eine große Kraft, dir in guten wie in schweren Zeiten treu zur Seite zu stehen.

Zum ersten Mal wurde ich an dieses Schwert erinnert, als nach dem Besuch der Weisen König Herodes unserem Sohn nach dem Leben trachtete. Im Traum bekam ich den Auftrag, mit dir und dem Kind zu fliehen. Gehorsam standen wir auf und flohen noch in der Nacht nach Ägypten, um unser Kind nicht in Gefahr zu bringen.

Später zog unsere kleine Familie wieder heim nach Nazaret. Es war eine wundervolle Zeit.

Jesus war so wissbegierig und wollte alles erkunden. Schon bald konnte er die täglichen Gebete mitsprechen und begleitete mich in die Synagoge.

Für uns war es ein besonders Fest, wenn wir zum Passahfest nach Jerusalem pilgerten. Jesus ging mit seinen Freunden, du warst gerne bei den bekannten Frauen, und ich hielt mich bei den Männern auf.

Wie immer machten wir uns nach den Feiertagen auf den Heimweg. Wie groß war unser Erschrecken, als wie merkten, dass Jesus nicht mit zurückgegangen war.

Ich muss gestehen, die drei Tage und Nächte, in denen wir umhergeirrt und unseren Sohn gesucht haben, möchte ich nicht noch einmal erleben.

Viele Fragen brannten mir im Herzen: Was kann ihm zugestoßen sein? Warum hat er nicht offen mit uns geredet? Gibt es etwas, was wir beide falsch gemacht haben? Wir waren fassungslos und riefen Jahwe um Hilfe an.

Den wunderbaren Augenblick im Tempel kann ich natürlich nicht vergessen: Da saß unser Sohn mitten unter den Lehrern, hörte ihnen zu und stellte Fragen. Uns fiel auf, wie alle im Kreis staunten und ungläubig unseren Sohn anschauten.

Nur die Antwort auf deine bittere Klage: „Jesus, warum hast du uns das angetan? Wir haben dich mit Schmerzen gesucht!“ beschäftigt mich bis heute. Ich verstehe es nicht, warum Jesus ganz selbstverständlich sagte: „Warum habt ihr mich gesucht? Ich muss doch im Haus meines Vaters sein.“

Wie sollten wir beide das verstehen? Ging jetzt die wunderbare Zeit mit unserem Sohn zu Ende? Wie immer nahmst du, Maria, diese Worte auf und bewegtest sie in deinem Herzen.

Unser Sohn ging mit uns nach Nazaret zurück und der gewohnte Alltag nahm seinen Lauf.

Magnificat der Maria

„Meine Seele erhebt den Herrn
und mein Geist freut sich Gottes, meines Heilandes.

Meine Seele sieht das Land der Freiheit
und mein Geist wird aus der Verängstigung herauskommen.

Die leeren Gesichter der Frauen werden mit Leben erfüllt,
und sie werden Menschen werden, von Generationen vor uns,
den geopferten, erwartet.

Gott hat große Dinge an mir getan.
Er stößt die Gewaltigen von ihren Thronen
und die Getretenen richtet er auf.

Barmherzigkeit wird erscheinen,
wenn die Abhängigen das vertane Leben aufgeben
und lernen, selber zu leben.

Hungrige hat er mit Gütern gefüllt und die Reichen leer weggeschickt.

Frauen werden in den Parlamenten entscheiden
und die Sucht nach Herrschaft wird leer bleiben.

Ihre Ängste werden gegenstandslos werden
und die Ausbeute ein Ende haben.

Meine Seele erhebt den Herrn
und mein Geist frohlockt über Gott, meinen Retter.

(Übersetzung nach Dorothee Sölle)

Die Eucharistie in der Kirche

Von der Feier „der größten Liebesgeschichte aller Zeiten"

Pfarrer Christoph Giering

„Die größte Liebesgeschichte aller Zeiten" – das klingt wie ein Filmtitel. Und tatsächlich fällt mir zuerst das unvergessliche Plakat zu „Vom Winde verweht" ein. Mit Clark Gable und Vivian Leigh. Oder man setzt es in den Plural: „Die größten Liebesgeschichten". Dann wäre es der Buchtitel für eine Sammlung von Erzählungen, Romanen und Schauspielen: „Romeo und Julia", der „Junge Werther" und Ähnliches käme darin vor – je nach Geschmack.

Als Untertitel für einen Vortrag zum Thema „Die Eucharistiefeier der Kirche" klingt es zunächst ziemlich gewagt, aber dann auch inspirierend. Was ist es mit der Gottesdienstfeier und der Liebe?

1. Die Unselbstverständlichkeit der Liebe

Mit der Liebe müssen wir jedenfalls beginnen. Was war oder ist „die größte Liebesgeschichte meines eigenen Lebens"? Nicht als Kulturkonsument, sondern als Hauptperson der eigenen Biografie kann ich mir die Frage stellen: Wo und wie war und bin ich selbst beteiligt an dem Geschehen der Liebe?

Jeder von uns weiß darüber „echte", selbst erlebte Geschichten zu erzählen: Sie handeln von der Mutter- oder Vaterliebe, von der erotischen Liebe zu dem einen, dem einzigartigen, unvergleichlichen anderen Menschen oder auch von der Nächstenliebe. Vielleicht sogar von der Liebe zu Gott selber, dem Geheimnis unseres Lebens.

Vorsicht: Manches auf diesem Gebiet ist nicht so eindeutig. Hinter der Nächstenliebe kann auch das Helfersyndrom lauern: Da tut einer alles für die anderen, aber das kann bei aller Effizienz herzlos und zwanghaft werden. Auch die Erotik mündet keineswegs immer automatisch in reife Liebe ein. Sexualität hat eine offene Grenze zum Kampf. Gibt es nicht auch Mütter und Väter, die ihr „Klammern" und ihr „Fördern" bzw. „Fordern" mit der Liebe zu ihren Kindern verwechseln? Und selbst für das gläubige Verhältnis zu Gott gilt: Bei jeder Form der Liebe muss man achtsam sein, dass die äußeren Handlungen mit der inneren Haltung der Liebe zusammenpassen. Das Wohl des anderen muss gepaart sein mit Respekt vor seiner Freiheit und Würde und nur so angestrebt werden. Sonst stimmt etwas nicht mit der Liebe.

Immer ist die Liebe gefährdet. Erich Fromm spricht in seinem berühmten Buch „Die Kunst des Liebens" davon, dass in der herrschenden Kultur unserer westlichen Gesellschaft das Lieben erschwert ist. Nach seiner Ansicht liegt es vor allem an dem gleichmacherischen gesellschaftlichen Anpassungsdruck. Es werden eher genormte Konsumenten als freie Subjekte begünstigt und hervorgebracht. Daher gleichen sich z.B. die Geschlechterrollen an, und Kinder müssen und wollen schneller „wie Große" werden. Sogar die Religion verkommt nach Ansicht des Kulturkritikers zu einer Bedürfnisbefriedigung. Hat er Recht mit dieser Diagnose?

Wenn man darauf achtet, wie die aktuellen gesellschaftlichen Debatten mit ihrem pro und contra verlaufen – sei es um das „Eva-Prinzip", um die „Pisa-Studie" oder um die heute oft in der Politik beschworene Stärkung der Familie –, dann kann man sich schon einmal fragen: Wem geht es um die Liebe? Wer argumentiert mit ihr oder für sie? Wer sucht nach ihren Rahmenbedingungen?

Nur der Themenkreis der Sexualität scheint heute enttabuisiert. Für die Liebe gilt eher das Gegenteil: Sie ist kein Thema, wenn man einmal vom Konsum von Sentimentalitäten absieht.

2. Lernziel Liebe

„Gott ist die Liebe" – diesen Vers aus dem ersten Johannesbrief gab Papst Benedikt seiner ersten programmatischen Enzyklika als Titel. Gleich zu Beginn des Pontifikats hat er das Thema auf die Tagesordnung der Kirche gesetzt.

In einer Welt, in der mit dem Namen Gottes bisweilen die Rache oder gar die Pflicht zu Hass und Gewalt verbunden wird, ist dies eine Botschaft von hoher Aktualität und ganz praktischer Bedeutung. Und er erklärt: „Mein Wunsch ist es, ... in der Welt eine neue Lebendigkeit wachzurufen in der praktischen Antwort der Menschen auf die göttliche Liebe." Das ist von aller wünschenswerter Klarheit.

Es ist nur folgerichtig für den „Stellvertreter Christi", sein Thema so zu wählen, denn Christus hat gesagt, was das Erste und Wichtigste im Menschenleben ist: die dreifaltige Liebe – zu Gott, zum Nächsten und zu sich selbst. Das ist sein „Neues Gebot": „Liebt einander! Wie ich euch geliebt habe, so sollt auch ihr einander lieben" (Joh 13,34).

Mit großer Konsequenz ist erklärtes Erziehungsziel der katholischen Kirche tatsächlich die Liebe. Ausdrücklich werden Eltern bei der Taufe ihrer Kinder danach gefragt, ob „sie sich dieser Erziehungsaufgabe bewusst" sind – dass nämlich das Taufkind mit ihrer Hilfe „Gott und den Nächsten lieben lernen (soll), wie Jesus es uns vorgelebt hat".

Als Priester bin ich bei der Taufe immer ein wenig stolz auf die Kirche, in deren Namen ich das erfrage. Wer sonst in unserer Gesellschaft bekennt sich offen und eindeutig zur Liebe als Erziehungsziel? Dass es allerdings nicht immer so funktioniert mit der Erziehung und der Liebe in der Kirche, das mindert den Stolz dann auch wieder.

3. Die wachsenden Ringe der Liebe

Für die Liebe als anerkannte Lebensaufgabe eines jeden Menschen gibt es, so glaube ich mit Erich Fromm, eine Kunst – die

„Kunst des Liebens". Vom Heiligen Geist sind alle Menschen mit der Grundbegabung zur Liebe ausgestattet. Es ist uns möglich, diese Begabung zu kultivieren, wenn wir das ernsthaft wollen. Das Lieben ist nicht nur Glückssache und schöne Zufälligkeit im Leben. Sie ist auch nicht nur Gefühl. Eher ist sie so etwas wie eine Aufgabe, für die man eine Haltung braucht und eben eine Kunstfertigkeit. Es sollte möglich sein, dass man es erlernt zu lieben.

Aber wie geht das? Vor dieser Frage und Aufgabe stehen Väter und Mütter und alle erzieherisch tätigen Menschen.

Einige Aspekte immerhin lassen sich dazu benennen: Für jedes Menschenkind ist die Art zu lieben verschieden. So wie jedes Kind in andere Chancen, Stile und Umstände des Lebens hineinwächst, so hat jedes auch verschiedene Charakterzüge, Begabungen, Veranlagungen. Für die Erziehung muss es daher zum Beispiel eine große Rolle spielen, ob jemand ein Bauch-, Herz- oder Kopftyp ist. Jeder wird anders lieben, und der Kopftyp muss dann eben auch mit seinem vielleicht übergroßen Kopf lieben lernen dürfen. Die anderen Seelenanteile brauchen deswegen ja nicht völlig ausgeblendet werden. Die Eltern müssen ihr Kind gut kennen, sie müssen es in seinem persönlichen Wesen „erkennen", um ihm beim seelischen Wachstum in Richtung der Liebesfähigkeit helfen zu können. Was für andere Themen der Erziehung gilt, gilt doch gewiss gerade auch hier.

Weiterhin gilt natürlich, dass jedes Kind am meisten durch das erlebte Beispiel und Vorbild lernt. Am wichtigsten sind die Erfahrungen mit den Hauptbezugspersonen. Eine Mutter, ein Vater, die ihr Kind zur Liebe erziehen wollen, müssen selber lieben. Es ist wie bei der Höflichkeit, der Hilfsbereitschaft, der Sauberkeit, dem Maßhalten, der Musik, dem Beten und vielen anderen kleinen und großen Erziehungszielen: Der Erzieher muss glaubwürdig praktizieren, was er verkündet. Er muss es selber im Vollzug zeigen. Das Kind – und spätestens der Jugendliche – erfährt sonst die ausgegebenen Erziehungsziele als „Kinderkram" ohne realen Wert für Erwachsene. Das wäre tödlich.

Etwas Drittes zu bedenken ist wichtig: Liebe ist dynamisch. Sie drängt auf Entfaltung, auf Transzendenz: Sie muss wachsen und Grenzen überschreiten. So liebt ein Kind wohl zuerst die Mutter, dann den Vater, dann andere Bezugspersonen aus der Großfamilie, dann den Teddybär, dann die Spielfreunde. Vielleicht ist die Reihenfolge im konkreten Fall anders, aber in jedem Fall muss die Liebe weiter wachsen. Sie erfasst immer mehr Objekte oder wirklich besser gesagt: Partner.

Rainer Maria Rilke formuliert den bekannten Vers: „Ich lebe mein Leben in wachsenden Ringen.“ Das könnte übertragen auch gut lauten: „Ich liebe meine Liebe in wachsenden Ringen.“ Darin läge eine gute Formel für ein Erziehungsleitbild. Die Eltern sollen dem Kind verstehen helfen, dass die Liebe – natürlich in je verschiedenen Formen – weiter ausgreift und sich nach dem Vorbild der Liebe Jesu Christi auch dort bewährt, wo andere nicht so selbstverständlich und leicht Partner sind: bei den Fremden, den anderen, den Armen, den Schwierigen. Der größte Ring, die höchste Stufe der Erweiterung, ist der Ausgriff der Liebe auf Gott. Zu solcher Horizonterweiterung und Transzendenzbewegung ist jedes Taufkind, jedes Menschenkind berufen!

4. Vier Dimensionen der Liturgie

Kommen wir auf die Eucharistiefeier zu sprechen. Sie ist nach unserem Arbeitstitel „die größte Liebesgeschichte der Welt“. Wie ist das gemeint? Wie kann man das verstehen? Nach dem Liturgen Rudolf Ruppert etwa (Lebendige Liturgie, Würzburg 1986) hat die Eucharistie vier Dimensionen. Er verdeutlicht das an den vier Kräften oder – anders formuliert – an den vier handelnden Subjekten, die in der Eucharistie wirken.

Die Liturgie ist das Werk Gottes, der in Einheit mit seinem Sohn Jesus Christus als ihr erstes Subjekt wirkt. Sie ist zweitens auch Werk der Kirche, die als soziales Subjekt ihren Gottesdienst ordnet und prägt. Ebenfalls ist die konkrete Liturgie zum Dritten das Werk der jeweiligen Gottesdienstgemeinde. Und schließlich wirkt ja jeder einzelne Gottesdienstteilnehmer aktiv in ihr mit.

Zwischen diesen vier verschiedenen handelnden „Kräften“ oder „Subjekten“ wird das Ereignis der Liturgie und natürlich besonders der „heiligen Messe“, der Eucharistie, zum großen Geschehen der

Liebe. Betrachten wir es im Einzelnen und beginnen wir bei Gott selber.

5. Gottes Liebesgeschichte mit der Welt

„Gottes-Díenst" heißt vor allem, dass Gott selbst dient! Diese wichtige Grundtatsache sollten wir nicht vergessen. Er wendet sich der Welt und den Menschen aus eigenem Antrieb zu. Auf die Frage, warum er das tut, antwortet die Theologie: aus Liebe. Aus Liebe hat er die Welt und den Menschen geschaffen. Der erste biblische Schöpfungsbericht (Gen 1) spricht von Gottes liebendem Schöpferblick, mit dem er bei jedem seiner Werke erkennt, wie es gut ist. Aus einer gott-losen Sicht, die die Welt eben nicht als „Schöpfung" sieht, muss alles Natürliche zwiespältig bleiben. Wer sagt und sieht eigentlich, dass es gut ist? Der in der Liturgie vorausgesetzte Glaube aber dringt im Vertrauen zu Gott vor und glaubt ihm sein liebendes, gutheißendes Schöpferwort. Dieses „Ja" Gottes zur Welt und zum Menschen bildet das erste und tragende Fundament der liturgischen Liebe. Es ist ihre Grunddimension.

Aus der Schöpfung entspringt die Zeit und zu freier Entfaltung die Geschichte. Die Geschichte der Welt betrachtet die Theologie als „Heilsgeschichte", weil derselbe Gott, der sie als Schöpfer eröffnet, bleibend in ihr Heil wirkt.

Die biblische Überlieferung des Alten Testamentes verdeutlicht diese Erfahrung besonders durch die Idee des Bundes. Drei Bundesschlüsse benennt sie vor allem: den Bund mit Noach, den Bund mit Abraham und den Bund mit Mose. Ein Bundesschluss folgt dem anderen nach, aber eigentlich hebt kein Bund den anderen auf. Jeder hat eine immer konkretere Gruppe als „Partner" Gottes im Blick. Jeder Bund hat auch sein Zeichen und Deutewort, sein Versprechen von Seiten Gottes und eine Verpflichtung des Partners.

So steht der Bund mit Noach unter dem Zeichen des Regenbogens und gilt für alles Fleisch. Gott verspricht, dass nie wieder völlige sintflutartige Vernichtung über die Lebewesen kommen soll.

Der Bund mit Abraham zielt auf zahlreiche Nachkommenschaft für ihn und Landbesitz für seine Erben. Bundeszeichen ist die Beschneidung, und Abraham soll ein Segen sein für alle Völker.

Der Mosebund schließlich verbindet Gott besonders mit dem Volk Israel. Er gibt ihm die Gebotstafeln bzw. die gesamte Thora als Zeichen. Er verspricht: „Ich werde euer Gott sein und ihr mein Volk."

In der Entfaltung der Bundesgeschichte offenbart sich Gott als ein liebender Begleiter der Menschen. Die Dimensionen der Bewahrung, der Befreiung, der Ordnung menschlicher Gesellschaft, der Zukunft und des Segens sind Ausdruck der liebenden Beziehung zu seinem Volk. Die Bundesschlüsse gehören darum als zweite Grunderfahrung der Liebe Gottes in unsere Liturgiefeier hinein.

6. „... liebte er sie bis zum Ende"

„Immer wieder hast Du den Menschen Deinen Bund angeboten und sie durch die Propheten gelehrt, das Heil zu erwarten", so formuliert das IV. Hochgebet der heiligen Messe. Aber es spricht auch vom Bundesbruch des Menschen: „Als er im Ungehorsam Deine Freundschaft verlor und der Macht des Todes verfiel, hast Du ihn dennoch nicht verlassen, sondern voll Erbarmen allen geholfen, Dich zu suchen und zu finden." Schon der Prophet Jeremia spricht 600 Jahre vor Christus davon, dass Gott in einer erahnten und ersehnten Zukunft mit Israel einen „neuen Bund" schließen wird, den er seinem Volk durch eine neue Verankerung im Herzen sicher machen wird (Jer 31,33).

An dieses Wort knüpft Jesus an. Er schließt im Abendmahlssaal den „Neuen Bund" zwischen Gott und „den Seinen", also den Jüngern, der entstehenden Kirche. Bundeszeichen sind Brot und Wein, die den Todesleib Jesu und das vergossene Kreuzesblut sakramental, d.h. zeichenhaft-wirklich, darstellen. Dieser „Neue Bund" in Jesus Christus ist das bleibende Kerndatum unserer Eucharistie.

Auf den theologischen Punkt der Liebe Christi bringt es das Evangelium des Gründonnerstags, wenn es von Christus sagt: „Da er die Seinen liebte, liebte er sie bis zur Vollendung!" (Joh 13,1). Die

Kirche hat das Kreuz Jesu und seine Auferweckung, verbunden mit den Zeichen des Herrenmahles, immer als Geschehen der großen, gegenseitigen Liebe zwischen Jesus Christus und seinem himmlischen Vater gesehen. Zwischen diesen beiden, die göttlich eins sind, spielt die „größte Liebesgeschichte aller Zeiten", denn größere Liebe kann es nicht geben. In das gott-menschliche Drama ist die Kirche und durch sie auch die Welt hineingenommen, weil die gegenseitige Liebe des Vaters und des Sohnes nicht nur füreinander geöffnet ist. Die innergöttliche Liebe, die wir theologisch auch den Heiligen Geist nennen, überschreitet sich auf die Menschen und die Schöpfung hin. Sie bezieht alle und alles ein.

7. Am größten aber ist die Liebe

Wie in der alttestamentlichen Geschichte Israels sind auch im Neuen Bund die menschlichen Partner aufgefordert, das Ihre zu tun. Jesu Wort „Tut dies zu meinem Gedächtnis!" richtet sich in ihrer Ursprungssituation an die Kirche. Sie soll die Verbindung von sich aus immer wieder liturgisch erneuern! Sie darf dabei nicht vergessen, dass es ein Bund der „größeren Liebe" ist, der über die konkrete raumzeitliche Situation hinaus auf die Universalkirche, auf die Schöpfung und auf Gott selber zielt. Dem dienen die Zeichen, Worte und Versprechen des erinnerten Abendmahles.

Die Kirche wird realisiert von der je aktuellen Gottesdienstgemeinde. Und diese auch durch die Aktivität des einzelnen Teilnehmers der Liturgie. Aus eigener Liebe soll er den Bund von sich aus erneuern. Auch von den menschlichen Partnern her soll die Eucharistie im Bewusstsein gefeiert werden, dass sie die größte Liebesgeschichte der Welt ist.

Eine Gemeinde kann solche Haltung der Liebe einnehmen, wenn sie bereit ist, sich von Gott beschenken zu lassen. Wir sollen gläubig festhalten, dass Gott da ist, auch wenn der einzelne Teilnehmer und gelegentlich vielleicht auch der Vorsteher der Liturgie einmal „schlecht disponiert" sein kann. Die Gemeinde weiß, dass sie Gottes Liebe in der Liturgie begegnet, dass sich seine Gegenwart ereignet. Eucharistie ist Feier dankbarer Erinnerung an die vollendete Liebe Jesu.

Darüber hinaus betont besonders das corpus paulinum, dass die Liebe die im gesamten Gemeindeleben herrschende Haltung der Einzelnen sein soll (vgl z.B. Kol 3). Ein jeder soll sich öffnen für die anderen, die Brüder und Schwestern. Teilen und anteilnehmen, abgeben, dienen, festhalten, dass die anderen Menschen und besonders die Armen von Gott in Jesus mitgemeint sind. Wenn wir die Liturgie nicht klein, sondern groß denken, dann feiern wir sie in den „wachsenden Ringen" der ausgreifenden Liebe. Das entspricht sehr gut der „größten Liebesgeschichte aller Zeiten".

8. Gemeindliche und kirchliche Kultur der Liturgie

Abschließend möchte ich noch einen besonderen Aspekt der Liebe der Kirche beleuchten. Dazu führe ich Sie in die visionäre Welt des letzten Buches des Neuen Testaments, der Johannes-Offenbarung. Der Seher Johannes wird entrückt und darf die himmlische Liturgie schauen. Er berichtet:

Eine Tür war geöffnet am Himmel ... Sogleich wurde ich vom Geist ergriffen. Und ich sah:

Ein Thron stand im Himmel; auf dem Thron saß einer, der wie ein Jaspis und ein Karneol aussah.

Und über dem Thron wölbte sich ein Regenbogen, der wie ein Smaragd aussah.

Und rings um den Thron standen vierundzwanzig Throne und auf den Thronen saßen vierundzwanzig Älteste in weißen Gewändern und mit goldenen Kränzen auf dem Haupt.

Von dem Thron gingen Blitze, Stimmen und Donner aus. Und sieben lodernde Fackeln brannten vor dem Thron; das sind die sieben Geister Gottes. Und vor dem Thron war etwas wie ein gläsernes Meer, gleich Kristall.

Und in der Mitte, rings um den Thron, waren vier Lebewesen voller Augen, vorn und hinten ... Sie ruhen nicht, bei Tag und Nacht, und ru-

fen: Heilig, heilig, heilig / ist der Herr, der Gott, der Herrscher über die ganze Schöpfung; / er war und er ist und er kommt.

Und wenn die Lebewesen dem, der auf dem Thron sitzt und in alle Ewigkeit lebt, Herrlichkeit und Ehre und Dank erweisen, dann werfen sich die vierundzwanzig Ältesten vor dem, der auf dem Thron sitzt, nieder und beten ihn an, der in alle Ewigkeit lebt. Und sie legen ihre goldenen Kränze vor seinem Thron nieder und sprechen:

Würdig bist du, unser Herr und Gott, / Herrlichkeit zu empfangen und Ehre und Macht.

Denn du bist es, der die Welt erschaffen hat, / durch deinen Willen war sie und wurde sie erschaffen.

Und ich sah auf der rechten Hand dessen, der auf dem Thron saß, eine Buchrolle; sie war innen und außen beschrieben und mit sieben Siegeln versiegelt ...

Und ich sah: Zwischen dem Thron und den vier Lebewesen und mitten unter den Ältesten stand ein Lamm;

es sah aus wie geschlachtet und hatte sieben Hörner und sieben Augen; die Augen sind die sieben Geister Gottes, die über die ganze Erde ausgesandt sind.

Das Lamm trat heran und empfing das Buch aus der rechten Hand dessen, der auf dem Thron saß. Als es das Buch empfangen hatte, fielen die vier Lebewesen und die vierundzwanzig Ältesten vor dem Lamm nieder; alle trugen Harfen und goldene Schalen voll von Räucherwerk; das sind die Gebete der Heiligen.

Und sie sangen ein neues Lied: Würdig bist du, / das Buch zu nehmen und seine Siegel zu öffnen; denn du wurdest geschlachtet / und hast mit deinem Blut / Menschen für Gott erworben / aus allen Stämmen und Sprachen, / aus allen Nationen und Völkern und du hast sie für unsern Gott / zu Königen und Priestern gemacht; / und sie werden auf der Erde herrschen.

Ich sah und ich hörte die Stimme von vielen Engeln rings um den Thron und um die Lebewesen und die Ältesten; die Zahl der Engel war zehntausendmal zehntausend und tausendmal tausend.

Sie riefen mit lauter Stimme:

Würdig ist das Lamm, das geschlachtet wurde, / Macht zu empfangen, Reichtum und Weisheit, / Kraft und Ehre, Herrlichkeit und Lob.

Und alle Geschöpfe im Himmel und auf der Erde, unter der Erde und auf dem Meer, alles, was in der Welt ist, hörte ich sprechen: Ihm, der auf dem Thron sitzt, und dem Lamm / gebühren Lob und Ehre und Herrlichkeit und Kraft in alle Ewigkeit.

Und die vier Lebewesen sprachen: Amen.

Und die vierundzwanzig Ältesten fielen nieder und beteten an.

(Aus Offb 4 und 5)

Auch wenn sich uns nicht jede Einzelheit der Schilderung erschließt, eines jedenfalls wird deutlich: Johannes erlebt die Himmelsliturgie in verschiedenen Facetten ihrer überwältigenden Schönheit. Er schaut eine einzigartige himmlische Feier der Begegnung mit Gott und seinem Lamm, in dessen Gestalt Christus, der Herr, auftritt. Gezeigt wird eine gegliederte und geordnete Versammlung mit genau bedachten räumlichen Zuordnungen und Zahlenverhältnissen, mit besonderer Kleidung und Schmuck, mit Geräten aus wertvollen Materialien, mit eigenen Liedern und Hymnen.

Etwas, was der Kirche und Theologie in ihrer zweitausendjährigen Geschichte klar war, mag uns hier neu aufgehen: Für die Feier der Liebe ist die schöne, kostbare Gestalt notwendig. Der Ausdruck und das Erlebnis des Schönen ist unverzichtbar. Wer Liturgie gestaltet, muss sich deshalb öffnen für die Ästhetik. Es bedarf einer Kultur der liturgischen Begegnung mit Gott. So braucht ja auch die erotische Liebe ihre Kultur und hat sie in der Regel.

Gottesdienstgemeinden dürfen hier nicht achtlos sein, sondern müssen aufmerksam werden. Etwa gegenüber ihrem Kirchenraum. Er soll so mit Bildern, Blumen, Kerzen und Textilien und „edlen“ Materialien geschmückt sein, wie es als schön und wertvoll empfunden wird. Auch der Vortrag liturgischer und biblischer Texte kann reich und achtsam, das Sprechen der Lektoren und Zelebranten zugleich natürlich und gepflegt sein.

Eine besondere Rolle hat die Musik und das Singen. Sie kann die Seelen der Menschen tief berühren und öffnen. Es ist manchmal bedrückend zu erleben, wenn viele Gottesdienstteilnehmer sich dem Mitsingen entziehen. Diese Stummheit ist eine Armut, und sie trifft mit der verweigerten Gemeinschaft ein hohes liturgisches Gut.

Nicht nur bei den Zelebranten ist es auch wichtig, in welcher Kleidung wir die Feier begehen. Die „ars celebrandi“, die die Liturgie als ein „Gesamtkunstwerk“ betrachtet und gestaltet, ist in ihren vielen Dimensionen Aufgabe der gesamten Gottesdienstgemeinde und aller in ihr Mitwirkenden. In dem Willen zur gut gestalteten Liturgie drückt sich die Haltung der Liebe aus. Das sollte „gelernt" und nicht vernachlässigt werden.

Das liturgische Geschehen der vielfachen Liebe zwischen den drei Personen in Gott und zwischen den Menschen in der Eucharistie ist offen für jeden, der daran teilhaben will. Jeder darf darin eingehen und mitwirken. Das zeichenhaft Ausgedrückte – es geschieht wirklich. Die gemeinte Liebe ist sakramental gegenwärtig. So ereignet und erneuert sich „die größte Liebesgeschichte aller Zeiten".

Eucharistie ist erfüllte Zeit. Sie ist darin gegenwärtige Ewigkeit. Sie ist letztlich unsere letzte Wirklichkeit.

Stille – Meditieren – Betrachten – Anbeten

Gebet als Lebenshilfe im Alltag

Bruder Leo Overmeyer OSB

In meinen Ausführungen möchte ich Ihnen keine Anleitung zur Technik der Meditation oder zur Praxis verschiedener Weisen des Betens geben. Vielmehr ist mir daran gelegen, Ihnen Grundhaltungen des Glaubens nahezubringen, die eine Voraussetzung des Betens und Meditierens sind und sozusagen von sich her ins Beten hineinführen.

Du bist von Gott geliebt

Der Theologe und geistliche Schriftsteller Henry Nouwen hat ein Buch geschrieben mit dem Titel „Du bist der geliebte Mensch – religiös leben in einer säkularen Welt". Darin bringt er das geistliche Leben – Gebet, Stille, Meditieren, Betrachten, Anbeten – zusammen in dem einen Punkt, worin sich alles konzentriert: aus der Liebe Gottes leben, aus dem Bewusstsein, dass ich ein von Gott geliebter Mensch bin. Dieses Bewusstsein gilt es zu erhalten, dahinein kann ich immer wieder zurückkehren und mich neu darin festmachen. Aus dem Vertrauen, von Gott geliebt zu sein, gewinne ich eine Quelle der Kraft.

Schauen wir auf Jesus, zunächst auf die Anfänge seines öffentlichen Lebens nach dem Markusevangelium. Es kennt keine Kindheitsgeschichte, es beginnt mit Johannes dem Täufer und der Taufe Jesu im Jordan. „In jenen Tagen kam Jesus aus Nazaret in Galiläa und ließ sich von Johannes im Jordan taufen. Und als er aus dem Wasser stieg, sah er, dass der Himmel sich öffnete und der Geist wie eine Taube auf ihn herabkam. Und eine Stimme aus dem Himmel sprach: Du bist mein geliebter Sohn, an dir habe ich Gefallen gefunden" (Mk 1,9–11).

Der Himmel öffnet sich. Eine Stimme wird hörbar, die Stimme des Vaters. Sie spricht Jesus an: Geliebter Sohn, an dir habe ich Gefallen gefunden. Das ist die erste grundlegende Erfahrung Jesu vor seiner öffentlichen Wirksamkeit. Der Geist, der wie eine Taube auf Jesus herabkommt, und die Stimme, die zu ihm spricht, durchdringen sein ganzes Wesen.

Diese Anrede des Vaters nimmt Worte aus dem Gottesknechts-Lied bei Jesaja (42,1) auf. Dort heißt es: „Das ist mein Erwählter, an dir finde ich Gefallen." Jesus, der mit der Schrift vertraut war, hat diesen Text gekannt. Mit der Anrede „geliebter Sohn", an dem der Vater Gefallen hat und den er, wie es bei Jesaja heißt, als seinen Knecht erwählt, wird Jesus in das Geheimnis seiner Berufung eingeführt. Er ist einzigartig, der geliebte Sohn des Vaters, der Erwählte, und – im Anschluss an Jesaja – der Knecht, berufen, den unteren Weg zu gehen und zu dienen. Später wird Jesus sagen: Ich bin nicht gekommen, um mich bedienen zu lassen, sondern um zu dienen und mein Leben hinzugeben.

Aus dieser Stunde nimmt Jesus das Bewusstsein mit, geliebter Sohn Gottes zu sein, es begleitet ihn auf seinem Weg. Immer wieder zieht er sich in die Einsamkeit zurück und sucht im Gebet die Nähe des Vaters. Das erneuert und erhält in ihm das Bewusstsein: Ich bin der geliebte Sohn. Er hört wieder neu die Stimme des Vaters: So habe ich Gefallen an dir. Auch als es für ihn schwer wird, als sich Widerstand gegen ihn regt. Die Leute laufen ihm zwar nach, Scharen von Menschen. Doch die Schriftgelehrten stellen ihm spitzfindige Fragen und wollen ihn in die Enge treiben. Ich glaube, hier dürfen wir einen Blick tun auf die Basis für das Leben und Wirken Jesu, auf das feste, unzerstörbare Fundament, das ihn trägt: Ich bin geliebt vom Vater. Aus dieser Liebe lebt er, sie begründet und befestigt sein Vertrauen.

Auch unsere eigene Erfahrung kann uns das bestätigen. Wenn wir wissen, ganz tief innerlich wissen, dass wir geliebt sind, wirft uns so schnell nichts um. Dann schauen wir nicht so sehr auf das Lob der Menschen und sind nicht angewiesen auf ihre Akzeptanz.

Dann können wir auch schwierige Phasen bestehen und Kritik besser ertragen. Wenn schon die menschliche Liebe, die Liebe unserer Eltern, und später die Liebe und Freundschaft anderer Menschen solches Bewusstsein fördern kann, um wie viel mehr die Liebe Gottes.

Jedem von uns hat Gott in der Taufe dieses Wort zugesprochen: Du bist mein geliebter Sohn. Du bist meine geliebte Tochter. Ich habe dich erwählt. Wir haben das nicht gehört, die meisten von uns haben die Kindertaufe empfangen. Irgendwann muss es in unser Bewusstsein dringen, nicht nur in unseren Kopf, sondern in unser Herz: Ja, ich bin von Gott geliebt. Ich bin die geliebte Tochter, der geliebte Sohn, ich darf zu Gott Vater sagen.

Wie Jesus werden wir in der Taufe mit dem Geist beschenkt. Gott legt ihn in unser Herz und er ruft in uns: Abba, lieber Vater. Vom Ursprung unseres Leben als Christen besteht eine vertrauensvolle Beziehung zu Gott. Du, mein Vater – ich, dein Kind. Ich darf Vertrauen haben, dass Gott, der Vater, für mich sorgt, dass er mich liebt.

Es gibt sie wirklich, die Stimme Gottes in unserm Innern, deutlicher oder verhaltener, je nachdem. Es ist nicht einfach, sie zu hören und zu unterscheiden in einer Welt, die voller Stimmen ist, leisen und lauten. Und auch der Richter in uns, all die Ermahnungen, die wir erhalten und verinnerlicht haben, melden sich stürmisch zu Wort: Du taugst nichts, du bist wertlos, unnütz, du bist niemand. Du musst erst einmal das Gegenteil beweisen, etwas leisten und vorzeigen können.

Gott hingegen sagt zu uns: Du bist geliebt, grundlos, einfach so, wie du bist. Du musst keine Vorleistung erbringen, meine Liebe dir nicht erst verdienen. Ich bin noch aufgewachsen im katholischen Milieu von Südoldenburg. Dort habe ich immer deutlich herausgespürt: Du musst die Gebote Gottes genau halten, damit Gott dich liebt. Nein, Gott hat uns zuerst geliebt, ohne dass wir ihm etwas gegeben hätten.

Es ist keine billige Liebe. Gott hat sie sich etwas kosten lassen. Er hat uns geliebt in seinem Sohn Jesus Christus bis in den Tod. Er hat sich ganz für uns hingegeben. Ein Wort der Bibel hat mich immer wieder angesprochen: „Gott ist die Liebe" (1 Joh 4,16b). Gott ist dem Wesen nach Liebe, ist Güte und Barmherzigkeit.

Gott in uns – Quelle des Lebens und der Liebe

Ich habe von der Stimme gesprochen, dem Bild für die Nähe und Liebe Gottes. Ich möchte Ihnen noch ein zweites Bild anbieten, das uns ebenso mit unserer Taufe verbindet. Gott hat in der Taufe sein dreifaltiges Leben wie eine Quelle in uns eingesenkt. In unserem Innern sprudelt eine Quelle.

Wie es mit tiefliegenden Quellen ist, besteht die Gefahr, dass sie im Alltag in Gefahr sind, zugeschüttet zu werden: durch das allzu Viele, durch unsere Sorgen, Ängste, auch durch zu große Aktivität. Alles hängt davon ab, dass wir mit der Quelle in Verbindung bleiben oder aufs Neue mit ihr in Verbindung kommen. Denn sie will uns beleben, uns die Kraft der Liebe erschließen und die beharrliche Geduld, die wir im Alltag brauchen. Die Quelle muss in Fluss gehalten werden.

Vor einigen Jahren hat uns in der Fastenzeit ein Ereignis begleitet, an dem sinnfällig wurde, wie das zugeht. In unserem Wald in Nütschau gab es einen Quelltopf, eine tiefe Grube. Dort hinein hatten unsere Nachbarn seit langem ihren Müll hineingeschüttet, und auch unsere Brüder, die 1951 nach Nütschau kamen, hatten dort den Müll entsorgt. Der Unrat sackte immer tiefer, die Abladestelle fasste große Mengen. Schließlich kippte Bruder Reginbert ein paar Fuhren Sand darauf. Und dann kam aus dem Grund ein kleines Rinnsal, ein bisschen rostiges Wasser, das durch den Wald zur Trave hinfloss.

Auf Anregung unseres Jagdpächters, der auf die Schuttabladestelle und den verschmutzten Wasserlauf aufmerksam geworden war, beschlossen wir, die Müllgrube zu entsorgen. Er kümmerte sich um einen Bagger, ich sorgte dafür, dass uns die Stadt Oldesloe Container zur Verfügung stellte. In gemeinsamer Anstrengung haben wir den Quelltopf von Unrat gereinigt, einige Container voll. Und dann sammelte sich langsam das Wasser, es wurde zu einem kleinen Teich, und wir bauten ein Bachbett, durch das es in die Trave fließen konnte. Das Wasser war noch nicht ganz sauber. Immer wieder mussten wir in einem Arbeitseinsatz die Quelle reinigen.

Diese Angelegenheit wurde für mich und für uns zu einem Ansporn für die Fastenzeit, die Quelle in unserem Innern zu reinigen und freizulegen, dass sie zu Ostern wieder fließen, ja sprudeln konnte und wir mit ganzem Herzen das österliche Halleluja singen konnten. In uns allen, in Ihnen ist eine Quelle, die danach drängt, hervorzubrechen und frei zu strömen. Wir müssen Sorge für sie tragen. Die Liebe Gottes will sich aus unserem Innern eine Bahn schaffen und unser Leben fruchtbar machen. Denn Gott ist Liebe, er lebt in uns, und wesentlich ist, die Quelle offen zu halten und in einer tiefen Verbindung zu ihm, dem Vater, zu leben.

Freundschaft mit Jesus

Roger Schutz, der verstorbene Prior von Taizé, sagt: Alles kommt darauf an, dass wir in einer lebendigen Beziehung mit Jesus Christus leben, dass sie den Charakter einer persönlichen Freundschaft hat. Sie kennen das wunderbare Lied aus dem Gotteslob (Nr. 559, 1–2):

„Mein schönste Zier und Kleinod bist / auf Erden du, Herr Jesu Christ; / dich will ich lassen walten / und allezeit in Lieb und Leid / in meinem Herzen halten.

Dein Lieb und Treu vor allem geht, / kein Ding auf Erd so fest besteht, / das muss ich frei bekennen. / Drum soll nicht Tod, nicht Angst, nicht Not von deiner Lieb mich trennen."

Es ist ein Liebeslied, in einer vergangenen Sprache, aber wenn wir den Worten nachhorchen, vermag es uns auch heute noch anzurühren. Wir könnten davon irritiert sein, wenn Leid uns trifft. Doch schließt es nicht aus, dass wir auch die Frage nach dem Warum stellen. Einen Freund darf man so fragen. Wir sollen und können diese Liebe immer wieder suchen, uns zu ihr durchringen, in Lieb und Leid, in jeder Situation.

In der zweiten Strophe spüren wir, dass hier ein Mensch spricht, der wirklich reif geworden ist durch viele Erfahrungen im Wechselspiel des Lebens. Die Freundschaft mit Jesus hat durch alles hindurch Bestand gehabt, so wird sie auch die Not des Todes bestehen. Alles kommt darauf an, dass die Freundschaft zu Jesus Christus lebendig bleibt.

Ganz gleich, in welcher Tradition wir beten, ob wir als evangelische Christen uns vom Wort der Schrift zum Gebet inspirieren lassen, ob wir als Mönche das Chorgebet verrichten, als katholische Christen die alte Tradition des Rosenkranzgebetes üben oder als orthodoxe Christen das Jesusgebet sprechen, ein ganz einfaches Gebet in der Verbindung mit dem Atemrhythmus, immer geht es darum, die Beziehung zu Jesus Christus lebendig zu halten.

Deswegen kehren wir immer wieder zum Gebet zurück, wir Mönche in Nütschau viermal am Tag, die alten Mönche, für die Benedikt seine Regel schrieb, sogar siebenmal täglich. Wenn wir immer wieder zum Gebet gerufen werden, immer wieder an Gott denken, zu ihm beten, dann prägt es sich tief ein. Dann können wir auch im Alltag, in der Arbeit, gar nicht mehr an dieser Wirklichkeit Gottes vorbeigehen.

Die Bildrede vom Weinstock und den Rebzweigen im Johannesevangelium (Joh 15) mahnt uns zu dieser Beständigkeit. Immer wieder ist dort vom Bleiben die Rede: „Bleibt in mir, dann bleibe ich in euch. Bleibt in meiner Liebe, fallt nicht heraus. Ich nenne euch nicht mehr Knechte, sondern Freunde, ich habe euch erwählt. Ihr seid meine Freunde. Wenn ihr in mir bleibt und wenn ihr in meinem Wort bleibt – das ist gleichsam identisch." In seinem Wort bleiben heißt: in Jesus bleiben.

Im Jakobusbrief (1,21) steht der Satz: „Nehmt euch das Wort zu Herzen, das in euch eingepflanzt worden ist und das die Macht hat, euch zu retten." Jesus ist das lebendige Wort, wenn ich sein Wort höre, begegne ich ihm selbst. Das Wort zu Herzen nehmen, das ist mehr als bloßes Hören, es ist ein Aufnehmen in mein Innerstes. Gott schenkt seine Worte jedem von uns, der wirklich aufmerksam ist.

Das kann im Gottesdienst bei der Verkündigung des Evangeliums oder in der Predigt sein oder es kann aus der Tiefe des Gedächtnisses aufsteigen, das Worte Gottes bewahrt, wie es von der Mutter Jesu nach der Begegnung mit Simeon im Tempel heißt: „Sie bewahrte alle Worte und bewegte sie im Herzen." Immer, wenn mich ein Wort anrührt, aufhorchen lässt, ich es als in meine Lebenssituation hineingesprochen erfahre, ist es der Geist Gottes, der dieses Wort für mich lebendig macht. Wichtig ist, dass wir hörbereit werden, gewissermaßen Jesus zu Füßen sitzen und horchen, wie Maria, die Schwester des Lazarus.

Macht euch keine Sorgen

Frucht ist das zweite Schlüsselwort des Weinstockgleichnisses: Wer in mir bleibt und in wem ich bleibe, der bringt reiche Frucht. Wir müssen uns keine Sorgen machen um die Fruchtbarkeit unseres Lebens, wenn wir nur am Weinstock bleiben, der Jesus selbst ist, wenn wir zu ihm in Beziehung leben. Sie soll den Sonntag wie den Alltag und uns selbst ganz und gar durchdringen.

Die Freundschaft mit Jesus macht gelassen. Es ist wie im Gleichnis von der selbst wachsenden Saat bei Markus (4,26–29): „Mit dem Reich Gottes ist es so, wie wenn ein Mann Samen auf seinen Acker sät; dann schläft er und steht wieder auf, es wird Nacht und wird Tag, der Samen keimt und wächst, und der Mann weiß nicht, wie. Die Erde bringt von selbst ihre Frucht, zuerst den Halm, dann die Ähre, dann das volle Korn in der Ähre. Sobald aber die Frucht reif ist, legt er die Sichel an; denn die Zeit der Ernte ist da."

Von diesem Evangelium geht eine Ruhe aus, die alle Hektik weit hinter sich lässt und auf die schöpferische Kraft Gottes vertraut, die das Entscheidende schenkt. Den Menschen unserer Tage, die gern rasche Erfolge sehen wollen, sind solche Bilder oft fern gerückt. Es tut gut, jedes Wort eines solchen Textes zu verkosten und uns seinem Tempo zu überlassen. Da geht alles ganz langsam: der Wechsel von Tag und Nacht, das Keimen und Wachsen, Halm, Ähre und das volle Korn, das schließlich erntereif dasteht, ein ganzes Feld.

Wir hatten zu Hause nebenbei eine kleine Landwirtschaft, und ich habe noch deutlich vor Augen, wie mein Vater aus der Saatwanne mit dem breiten Gurt das Korn säte, mit einer weit ausholenden Bewegung, die den Rhythmus seiner Schritte aufnahm. Vorher hatte er mit Pflug und Egge den Boden bereitet. Nach der Aussaat dann geschieht alles von selbst – automath (auf Griechisch).

Der Same hat seine eigene Dynamik, er drängt zur Entfaltung, er drängt, Frucht zu bringen. Wenn ich mich auf dieses Bild einlasse, wächst in mir die Gelassenheit und ein großes Vertrauen. Ich muss nicht alles selbst tun, darf auch einmal die Hände in den Schoß legen, ausruhen. Das Wesentliche wird von Gott geschenkt. Er bestimmt die Zeit der Reife und die Zeit der Ernte. Wir müssen uns nicht darum sorgen. Darum kann ich auch nicht bemessen, wann mein eigenes Leben zur Reife kommt. Gott bestimmt meine Zeit.

Abschließend möchte ich Ihnen ein Erlebnis erzählen, das nun schon viele Jahre zurückliegt, aber bis heute mit mir gegangen ist. Damals war ich in einer Phase, in der ich mir etwas Sorge machte. Kommt mein Leben wirklich zur Reife, bringt es die Frucht, die Gott von mir erwartet?

Es war in 30-tägigen Exerzitien in der Eifel, im Jahr der drei Päpste 1979. P. Alfonso Pereira, ein Jesuit, legte uns Schriftbetrachtungen vor, zu denen wir uns viermal am Tag für eine Stunde zurückziehen sollten. Als Meditationsplatz hatte ich mir eine versteckte Bank in einem Gestrüpp von Brombeeren und Ginstersträuchern gewählt, die ich erst einmal freilegen musste. Dort hatte ich einen schönen Ausblick in das Tal und auf die alte Abtei St. Thomas mit der Kirche.

An einem sonnigen Herbsttag, als ich dort saß und meinen Schrifttext betrachtete, wurde ich plötzlich auf ein eigenartiges Geräusch aufmerksam, so ein Knacken oder Knistern, ziemlich leise, das sich nach einer Weile wiederholte. Ist das etwa ein Insekt? Da war ich nicht mehr bei meinem Text, ich schaute genauer hin, und dann entdeckte ich die Ursache. Es waren die Ginsterschoten, die unter der warmen Herbstsonne plötzlich aufsprangen und deren reif gewordene Samen auf die Brombeerblätter fielen. Ich halte dies heute wie damals für ein liebevolles Zeichen, das Gott mir schenkte. Es hat mir viel Mut gemacht und mich im Vertrauen befestigt. Die Sonne der Liebe Gottes wird auch mein Leben reifen lassen wie den Ginstersamen, der sich austeilt, um neues Wachstum hervorzubringen.

In Gottes Liebe bleiben

Ich fasse zusammen: Geistliches Leben heißt, in der Freundschaft mit Jesus Christus bleiben und immer wieder durch sein Wort die Verbindung zu ihm suchen. Jesus hat uns gezeigt, wer der Vater ist. Das Bewusstsein: „Ich bin geliebter Sohn, geliebte Tochter Gottes" ist ein Geschenk des Geistes. Es kann einen Menschen tief durchdringen, ist eine Grunderfahrung des geistlichen Lebens. Dann muss ich mir nicht mehr allzu viele Sorgen machen, auch dann nicht, wenn der Tag der Ernte naht. Wie immer wir Gebet, Betrachtung, Schriftlesung, Meditation praktizieren mögen, entscheidend ist die lebendige Beziehung zu Gott, dem Vater, und zu Jesus Christus, seinem geliebten Sohn.

Leibfeindlich oder leibfreundlich?

Die Botschaft des Christentums

Veronika Pielken

Als ich mich hinsetzte, um meine Gedanken für diesen Beitrag niederzuschreiben, sehe ich mich plötzlich an einem anderen Ort. Es ist mein Lieblingsferienort. Ich sehe die Landschaft, höre das Wasser und den Wind, ich rieche das Gras und die Blumen und ich fühle mich getragen von dem Berg mit dem weiten Blick über den See zum fernen Horizont. Es ist ein Ort, an dem ich auftanke. Er ist in mir wie ein lebendiges Bild. Manchmal ist er plötzlich einfach da, so wie in dem Moment, als ich mich hinsetzte, um zu schreiben. An diesem Ort fühle ich mich ganz, mit Leib und Seele, eins.

Ein Blick ins Innere

Ich lade Sie ein, für einen Moment nach innen, in sich selbst zu schauen. Wann fühlen Sie sich ganz in Ihrem Fühlen und Denken, in Ihrer Geschichte, in Ihrem Leib? Welche Bilder, welche Erfahrungen kommen Ihnen in den Sinn? Lassen Sie die Bilder kommen und gehen, wählen Sie eines aus und bleiben Sie einige Augenblicke bei dieser Erfahrung. Wie ist der Ort? Sind Sie allein oder ist eine andere Person, sind andere Personen bei Ihnen? Was sehen, hören, riechen, schmecken, tasten Sie? Wie fühlen Sie sich? Was bedeutet Ihnen diese Erfahrung ganz persönlich? Was bedeutet sie Ihnen in Ihrer Beziehung zu anderen Menschen und in Ihrer Beziehung zu Gott? Was bedeutet Ihnen diese Erfahrung für Ihr Leben?

Ich gehe davon aus, wenn wir uns jetzt austauschen würden, käme eine Fülle von verschiedenen Erfahrungen zusammen: vielleicht allein sein in der Natur an einem schönen Ort? Vielleicht auch in einer Kirche? Vielleicht in der Zweisamkeit? Mit dem Partner/der

Partnerin? Erfahrungen in der Familie oder im Kreis von Freunden und Freundinnen? Ich vermute, es sind sinnliche Erfahrungen. Es sind ja gerade die Sinne: Sehen, Hören, Riechen, Schmecken, Tasten, über die wir kommunizieren und die Menschen und die Welt um uns wahrnehmen und aufnehmen. Wenn unsere Sinne offen sind, wird unser Fühlen und Denken angeregt. Und wir können dabei Erfahrungen machen, die tiefe Spuren in unserem Leben hinterlassen.

Auch Gott? Ich glaube: ja! Eine Kollegin hat einmal erzählt, dass sie mit ihrem Leitungsteam während einer Fortbildung verabredet hat, besonders auf die sogenannten „Unscheinbaren" zu achten, diejenigen in den Blick zu nehmen, die einem auf den ersten Blick weniger attraktiv erscheinen und die sich weniger selbstbewusst ins Spiel bringen. Das Beachten und Anschauen hat bewirkt, dass die Kursteilnehmer und -teilnehmerinnen aufblühten. Und die Kollegin erzählte, wie diese auch in ihren eigenen Augen „schöner" wurden. Mir ist der biblische Segen in den Sinn gekommen, der des Öfteren am Ende der Messfeier gesprochen wird: „Der Herr lasse sein Angesicht über dich leuchten und sei dir gnädig. Der Herr wende sein Angesicht dir zu und schenke dir Heil" (Num 6,25–26).

Ich spüre, wie ich durch diese Wahrnehmungen den Gotteserfahrungen biblischer Menschen näherkomme. Momente, in denen ich mich ganz in mir fühle, mich in meinem Leib, und Momente, in denen ich mich ganz auf andere einlasse, sie anschaue, mich anschauen lasse, machen mich dankbar. Ich spüre mich als Geschöpf. Ich werde durch die Begegnungen mit anderen beschenkt und kann wachsen. Und ich glaube, dass Gottes Geist in diesen Erfahrungen wirkt. Sie lehren mich zudem, was Glauben bedeutet. Mich von Gott anschauen lassen. Mich Gott überlassen, mich ihm anvertrauen.

Die Bibel sieht den ganzen Menschen

In dem Bewusstsein, dass Gott auf uns schaut, möchte ich Sie einladen zu einem kleinen Spaziergang durch die Bibel. Dabei möchte ich die im Thema genannten Stichworte in umgekehrter Reihenfolge aufgreifen: Leibfreundlich – leibfeindlich? Was ist die Botschaft des Christentums?

Schauen wir in ein biblisches Wörterbuch (vgl. im Folgenden Michaela Geiger, Körper/Leiblichkeit, in: Ulrike Bechmann, Monika Fander (Hrsg.), Grundbegriffe zum Alten und Neuen Testament, München 2003, S. 158f.). Da finde ich, dass in den alttestamentlichen Schriften der Mensch als Ganzer gesehen wird. Eine Trennung von Körper oder Leib zu Geist oder Seele gibt es nicht. Für Körper gibt es kein eigenes Wort. Das Wort Fleisch drückt die Dimension des menschlichen Daseins am ehesten aus und es verbindet die Menschen untereinander.

Im biblischen Schöpfungsbericht heißt es: „Fleisch von meinem Fleisch" (Gen 2,23) – und damit ist zugleich die Beziehung gemeint. Der Mensch ist ein Wesen in Beziehung zu anderen und zu Gott. „Mit ihren Körpern treten Menschen in Beziehungen zueinander, mit körperlichen Metaphern begreifen sie die Welt, in ihren Körpern erleben sie Lebenskraft und Lebensfreude, Bedürftigkeit und Verletzlichkeit" (Dies., S. 159). Ein schönes Beispiel ist dafür das hebräische Wort Nefesch, das zunächst einmal „die Kehle (bezeichnet), durch die Atem, Wasser und Nahrung fließen". Es steht „auch für die menschliche Bedürftigkeit und Sehnsucht nach dem Lebensnotwendigen" (Dies., S. 158). Dieses Wort Nefesch wird im Deutschen oft mit Seele übersetzt. Und dann liest sich zum Beispiel Psalm 107,9 in der Einheitsübersetzung folgendermaßen: „... weil er (gemeint ist Gott) die lechzende Seele gesättigt, die hungernde Seele mit seinen Gaben erfüllt hat".

Auch von Gott selbst erzählen die Menschen in körperlichen Bildern wie „Angesicht" oder „Hand". In Psalm 95,2–4 heißt es: „Lasst uns mit Lob seinem Angesicht nahen, vor ihm jauchzen mit Liedern! Denn der Herr ist ein großer Gott, ein großer König über allen Göttern. In seiner Hand sind die Tiefen der Erde, sein sind die Gipfel der Berge."

Die biblischen Menschen erfahren sich in ihrem ganzen Leben von Gott durchdrungen. Das schließt auch Zeugung und Geburt mit ein. Entsprechend erzählen sie in diesen Bildern von ihrem Gott. „An den Fels, der dich gezeugt hat, dachtest du nicht mehr, du vergaßest den Gott, der dich geboren hat" (Dtn 32,18).

Bei Deuterojesaja – dem „zweiten" Jesaja, ein Schüler, der in der Tradition des Propheten Jesaja am Ende der babylonischen Exilzeit vor gut 2500 Jahren geschrieben hat – heißt es in den Verheißungen des Auszugs aus Babel von Gott: „Ich hatte sehr lange geschwiegen, ich war still und hielt mich zurück. Wie eine Gebärende will ich nun schreien, ich schnaube und schnaufe" (Jes 42,14). Israel erfährt, dass Gott zu seinem Bund steht. Weiter im nächsten Kapitel 43 heißt es: „Fürchte dich nicht, denn ich habe dich ausgelöst, ich habe dich beim Namen gerufen, du gehörst mir ... Du (bist) in meinen Augen teuer und wertvoll ..." (Jes 43,1.4). Ganz leiblich, konkret erfährt Israel, dass ihm neues Leben und Zukunft verheißen ist.

Jesus gibt sich ganz hin

Die Erfahrung, dass Gott es ganz mit uns Menschen und mit unserer Geschichte zu tun haben will, verdichtet sich in einzigartiger Weise in Jesus Christus. Im Johannesevangelium lesen wir: „Und das Wort ist Fleisch geworden ..." (Joh 1,14). Jesus hat uns in einzigartiger Weise vorgelebt, was es heißt, ganz aus Gott zu leben, und er hat uns Gott damit auf einzigartige Weise leibhaftig nahegebracht. Gott teilt unser Leben bis in die leiblich-menschliche Wirklichkeit hinein. Und Jesus wendet sich ganz den Menschen zu. Er isst mit ihnen. Er berührt andere („er nahm die Kinder in seine Arme; dann legte er ihnen die Hände auf und segnete sie", Mk 10,16), und er lässt sich berühren (die blutflüssige Frau erfährt: „Wenn ich auch nur sein Gewand berühre, werde ich geheilt. Sofort hörte die Blutung auf und sie spürte deutlich, dass sie von ihrem Leiden geheilt war. Im selben Augenblick fühlte Jesus, dass eine Kraft von ihm ausströmte ...", Mk 5,28–30).

Jesus lässt sich ganz auf Beziehungen ein. Eine in meinen Augen besonders dichte und intensive Erzählung in dieser Hinsicht ist die von der salbenden Frau, die in einem einzigen Augenblick das kostbare Nardenöl im Wert von 300 Denaren – das ist das Jahreseinkommen eines Tagelöhners – ausgießt, um Jesus damit zu salben und ihm Gutes zu tun. Er lässt dies zu und deutet dieses Geschehen auf seinen nahen Tod hin (vgl. Mk 14,3–9). Und wer kennt sie nicht, die kostbaren Augenblicke in den glücklichen wie in den schweren Momenten unseres Lebens, in denen es darauf ankommt, dass wir einander erkennen in unserer Bedürftigkeit wie in unserem Reichtum, und zwar als ganze Menschen, mit Leib und Seele. Die Evangelisten Markus und Matthäus erzählen diese Perikope zu Beginn der Passion.

Wir kommen damit zum Kern der christlichen Botschaft: Jesus gibt sich ganz hin. „Das ist mein Leib ... Das ist mein Blut ..." (Mk 14,22.23). Im biblisch-semitischen Sprachgebrauch bedeutet Leib „die ganze konkret-leibhaftige Person" und Blut „die Lebenssubstanz des Menschen". Wenn wir Eucharistie feiern, ist unter den Gestalten von Brot und Wein „ ... die konkret-leibhaftige Person Jesu Christi in ihrer Selbsthingabe für uns gegenwärtig ..." (DBK, Katholischer Erwachsenenkatechismus, 1. Band, Das Glaubensbekenntnis der Kirche, Bonn 4. Aufl. 1985, S. 348).

Und wir sind eingeladen, Jesus Christus ganz in uns aufzunehmen. Die heilige Birgitta von Schweden (1303–1373) drückt die Gemeinschaft mit Christus so aus: „Der Herr sagt: ‚... Ich werde dich mit mir füllen. Du wirst in mir sein und ich in dir' " (Birgittasystrarna, Die heilige Birgitta, ihr Orden und ihre Worte, Vadstena, Schweden 1984, S. 13).

Aus dieser innigen Gemeinschaft mit Christus werden wir eine Gemeinschaft von Brüdern und Schwestern, sind wir Leib Christi.

Die Abwertung des Leiblichen

Ich habe nun einen großen Bogen gezogen von der Erfahrung, Geschöpf zu sein, bis hin zur Hingabe Jesu Christi für uns Menschen. Und diese Erfahrungen bejahen eindrücklich die Leiblichkeit des Menschen und sind Ausdruck der Leibfreundlichkeit der christlichen Botschaft.

Aber es gibt auch eine andere Seite: die Trennung und damit die Abwertung von Leib und Fleisch gegenüber Seele und Geist und das trifft dann insbesondere den Bereich der Erotik und der Sexualität.

Schauen wir wieder in die Bibel. Das Hohelied der Liebe im Alten Testament ist eine Sammlung von Liebesliedern, in denen die Geliebten die Schönheit des/der anderen, ihr Verlangen zueinander und ihre Liebe besingen. Sie sind offensichtlich nicht verheiratet. Sie singt: „Des Nachts auf meinem Lager suchte ich ihn, den meine

Seele liebt. Ich suchte ihn und fand ihn nicht. Aufstehen will ich, die Stadt durchstreifen, die Gassen und Plätze, ihn suchen, den meine Seele liebt" (Hld 3,1–2).

Die beiden verbindet eine ganz tiefe personale Beziehung. „Meinem Geliebten gehöre ich, und mir gehört der Geliebte" (Hld 6,3).

Nach Herbert Haag und Katharina Elliger „deutet (alles) darauf hin, dass man das Hohelied in seinem eigentlichen Sinn verstand, als Ausdruck der erotischen Liebe zwischen Mann und Frau" (Herbert Haag, Katharina Elliger, Wenn er mich doch küsste. Das Hohe Lied der Liebe, Lizenzausgabe, Seite 10).

Diese ursprünglichen Liebeslieder waren „vielleicht konkret einer israelitischen Hochzeitsfeier zugedacht ..., bei der sie die eheliche Liebe verherrlichen sollten. Dabei ist sehr lehrreich, dass im Aufbau des Buches zwei verschiedene Wörter für ‚Liebe' stehen ... zunächst das Wort ‚dodim' ... die noch unsichere, unbestimmt suchende Liebe ... Dieses Wort wird dann durch ‚ahaba' abgelöst, das in der griechischen Übersetzung des Alten Testaments mit dem ähnlich klingenden Wort Agape übersetzt ist und ... zum eigentlichen Kennwort für das biblische Verständnis von Liebe wurde" (Benedikt XVI., DEUS CARITAS EST 2005, Art. 6, S. 12).

Man hat diese Lieder später gedeutet als Bild für die Liebe zwischen Gott, Jahwe, dem Bräutigam, und dem Volk, der Braut. Oder, aus christlicher Perspektive, für das Verhältnis zwischen Christus und der Kirche.

Für Herbert Haag und Katharina Elliger hat diese „Hinwendung zum Geistigen und Geistlichen ... notwendig eine Abwertung, ja Verachtung des Leiblichen im Gefolge" (Dies., S. 10f.). Ich kann beides sehen: die ganz konkrete menschliche Beziehung und auch die Entwicklung der theologischen Deutung.

Eine ähnliche Wirkung der Abwertung des Leiblichen haben insbesondere die Briefe des Apostels Paulus. Im Brief an die Galater lesen wir: „... Lasst euch vom Geist leiten, dann werdet ihr das Begehren des Fleisches nicht erfüllen. Denn das Begehren des Fleisches richtet sich gegen den Geist, das Begehren des Geistes aber gegen das Fleisch ... Die Werke des Fleisches sind deutlich erkennbar: Unzucht, Unsittlichkeit, ausschweifendes Leben, Götzendienst, Zauberei, Feindschaften, Streit, Eifersucht, Jähzorn, Eigennutz, Spaltungen, Parteiungen, Neid und Missgunst, Trink- und Essgelage und Ähnliches mehr ... Die Frucht des Geistes aber ist Liebe, Freude, Friede, Langmut, Freundlichkeit, Güte, Treue, Sanftmut und Selbstbeherrschung ..." (Gal 5,16–17.19–23).

Ist das Körperliche in sich schlecht geworden? Nein. Das Wort „Fleisch", griechisch Sarx, bezieht sich auf die „gesamte Existenz des Menschen". Gemeint ist hier eine Lebensorientierung. „Nach dem ‚Fleisch' zu leben, meint eine Lebensweise, deren Beziehungen aus dem Gleichgewicht geraten sind – zu anderen Menschen, zu Gott und zu den lebenswichtigen Dingen" (Michaela Geiger, a.a.O., S. 160). Demgegenüber steht die Lebensorientierung aus dem Geist, Pneuma, die den Leib zu einem „Ort der Gottesbeziehung" macht. „... Wisst ihr nicht, dass euer Leib ein Tempel des Heiligen Geistes ist, der in euch wohnt und den ihr von Gott habt?" (1 Kor 6,19). Im vorherigen Vers lesen wir: „Wer aber Unzucht (Porneia) treibt, versündigt sich gegen den eigenen Leib" (1 Kor 6,18). Paulus wendet sich hier gegen die auch nach jüdischer Auffassung illegalen sexuellen Beziehungen, die „die Heiligkeit der Leiber" zerstören (Luise Schottroff, Der erste Brief an die Gemeinde in Korinth, in: Kompendium Feministische Bibelauslegung, Gütersloh, 2. Auflage 1999, S. 582). Vom Leib selbst aber vermittelt er ein herausragendes Bild: „Tempel des Heiligen Geistes".

In dem folgenden Kapitel 7 behandelt Paulus die Fragen der Ehe und Ehelosigkeit. Er lässt keinen Zweifel, dass er die Ehelosigkeit vorzieht. „Ich wünschte, alle Menschen wären (unverheiratet) wie ich" (1 Kor 7,7). Und: „Den Unverheirateten und den Witwen sage ich: Es ist gut, wenn sie so bleiben wie ich. Wenn sie aber nicht enthaltsam leben können, sollen sie heiraten. Es ist besser zu heiraten, als sich in Begierde zu verzehren" (1 Kor 7,8).

Diese Verse wurden durchaus als Abwertung von Ehe und Sexualität gegenüber Ehelosigkeit und Enthaltsamkeit gelesen. Wenn wir aber die Aussage über den Leib als Tempel des Heiligen Geistes einbeziehen, kann dies doch nur bedeuten: Sowohl in der Ehelosigkeit als auch in der Ehe und damit in der Sexualität leben Frauen und Männer in der Kraft des Heiligen Geistes. Luise Schottroff bezieht den Vers „... ihr seid reingewaschen, seid geheiligt, seid gerecht geworden im Namen Jesu Christi, des Herrn, und im Geist unseres Gottes" (1 Kor 6,11) ein und kommentiert: Die Gemeinde ist nach Paulus „... eine im kultischen Sinn reine Gemeinschaft von Heiligen ... Die Leiber der Heiligen sind mit Christus verbunden (6,17) ... Diese leibliche Heiligkeit kann mit Verzicht auf genitale Sexualität verbunden sein (7,34), sie ist daran aber nicht gebunden. Auch in der Ehe mit genitalen sexuellen Beziehungen kann diese Heiligkeit der Leiber gelebt werden ... Der geheiligte Leib (sōma ...) ist Ort der Gotteserfahrung auch in seinen ... sexuellen Beziehungen" (Luise Schottroff, Der erste Brief an de Gemeinde in Korinth, in: Kompendium Feministische Bibelauslegung, Gütersloh, 2. Auflage 1999, S. 582).

Leib und Seele sind eins

Es gibt also eine leibfeindliche Wirkungsgeschichte, die traurige und schmerzvolle Erfahrungen mit sich gebracht hat. Es gibt aber auch eine Auseinandersetzung mit dieser Wirkungsgeschichte, die uns andere, heilsame Blickwinkel auf die biblischen Texte vermittelt.

Worauf kommt es in der christlichen Botschaft an? Ich greife zurück auf die Lesung des 6. Sonntags der Osterzeit (Lesejahr B): „... wir wollen einander lieben; denn die Liebe ist aus Gott, und jeder, der liebt, stammt von Gott und erkennt Gott ... Die Liebe Gottes wurde unter uns dadurch offenbart, dass Gott seinen einzigen Sohn in die Welt gesandt hat, damit wir durch ihn leben" (1 Joh 4,7.9).

Am folgenden 7. Sonntag der Osterzeit wird diese Lesung fortgesetzt: „... Gott ist die Liebe, und wer in der Liebe bleibt, bleibt in Gott und Gott bleibt in ihm" (1 Joh 14,16). Mit diesen Versen leitet Papst Benedikt XVI. seine erste Enzyklika DEUS CARITAS EST ein und formuliert den Grund unseres Glaubens.

Aus dieser Erfahrung der Liebe Gottes zu uns, biblisch Agape, schauen wir auf uns Menschen und auf die Beziehungen untereinander. Sie ist der Ort, von dem aus wir alles in den Blick nehmen dürfen. Das schließt den Eros mit ein. „Der Mensch wird dann ganz er selbst, wenn Leib und Seele zu innerer Einheit finden; die Herausforderung durch den Eros ist dann bestanden, wenn diese Einung gelungen ist. Wenn der Mensch nur Geist sein will und den

Leib sozusagen als bloß animalisches Erbe abtun möchte, verlieren Leib und Geist ihre Würde. Und wenn er den Geist leugnet und so die Materie, den Körper, als alleinige Wirklichkeit ansieht, verliert er wiederum seine Größe ... Der Mensch, die Person, liebt als ein einziges und einiges Geschöpf, zu dem beides gehört" (Benedikt XVI., a.a.O., Art. 5, S. 10).

Was uns wirklich guttut

Von dieser Grundlegung möchte ich weniger fragen: Was darf sein und was darf nicht sein, sondern: Was tut uns wirklich, im Sinne von wahrhaftig, gut und was tut uns nicht gut?

Es tut uns sicher gut, wenn es uns gelingt, Eros, Erotik und Sexualität als schöpferische Kraft anzunehmen und zu integrieren. Das gilt auch für Alleinlebende und ist nicht gleichgesetzt damit, Sexualität zu leben. Uns ist die Möglichkeit des Glücks und der Erfüllung in der Beziehung zwischen Mann und Frau gegeben. Dies ist wahrhaftig ein Geschenk und eine Gnade. Es gibt aber auch die andere Seite. Männer und Frauen erfahren, dass die Sehnsucht ungestillt bleibt. Sie spüren die Trauer und den Schmerz, wenn Beziehungen nicht gelingen oder durch den Tod getrennt werden.

Aus Christus leben heißt dann in meinen Augen besonders, dass wir in ihm heil, ganz sind. In der Begegnung mit Jesus findet die Frau am Jakobsbrunnen, die mehrere Männer hatte, zu sich selbst. Aus seiner Liebe heraus schaut sie auf ihr Leben, erkennt ihn und sich selbst und wird zur sprudelnden Quelle (vgl. Joh 4,5f.). Jesus verurteilt die Ehebrecherin nicht, sondern eröffnet ihr Zukunft (vgl. Joh 8,3f.). Die Begegnung mit Jesus ermöglicht der Frau, zu sich selbst zu stehen.

Ich möchte den Blick weiten aus der Zweisamkeit heraus. Wenn wir unseren Leib als „Tempel des Heiligen Geistes", als Ort der Gotteserfahrung ansehen, resultiert daraus, dass wir einander mit Achtsamkeit und Respekt begegnen. Und aus dieser Perspektive schauen wir ja aus unserem Glauben heraus und als Kirche auf das Leben und treten ein für ein Leben in Würde von seinem Anfang bis zu seinem Ende, in Gesundheit und Krankheit.

Wir feiern in unserer Kirche die sieben Sakramente. Als je eigene Person können wir ganz aus Christus leben für uns selbst und in unserer Beziehungsfähigkeit zu anderen. Die Liebe zwischen Mann und Frau ist geheiligt in der Ehe; in Krankheit werden wir gesalbt, d.h. berührt und gestärkt durch die Kraft Gottes.

Ich möchte auch den Blick weiten auf das Leben, das uns verheißen ist. Durch die Taufe sind wir mit hineingenommen in Jesu Leiden und Sterben und in seine Auferstehung und wir dürfen hoffen, dass wir auferstehen, leiblich auferstehen. Der Leib ist mehr als der Körper. Er meint unsere Geschichte, unser Leben, uns als Person. Und mit diesem Leben werden wir auferstehen! Unser ganzes Leben hat Bedeutung vor Gott!

Gott spricht: „... du (bist) in meinen Augen teuer und wertvoll" (Jes 43,4).

Literatur

Benedikt XVI., DEUS CARITAS EST, Enzyklika 2005.

Birgittasystrarna, Die heilige Birgitta, ihr Orden und ihre Worte, Vadstena, Schweden 1984.

Deutsche Bichofskonferenz, Katholischer Erwachsenenkatechismus, 1. Band, Das Glaubensbekenntnis der Kirche, Bonn 4. Aufl. 1985.

Michaela Geiger, Körper/Leiblichkeit, in: Ulrike Bechmann, Monika Fander (Hrsg.), Grundbegriffe zum Alten und Neuen Testament, München 2003.

Herbert Haag, Katharina Elliger, Wenn er mich doch küsste. Das Hohe Lied der Liebe, Lizenzausgabe.

Luise Schottroff, Der erste Brief an die Gemeinde in Korinth, in: Kompendium Feministische Bibelauslegung, Gütersloh, 2. Auflage 1999.

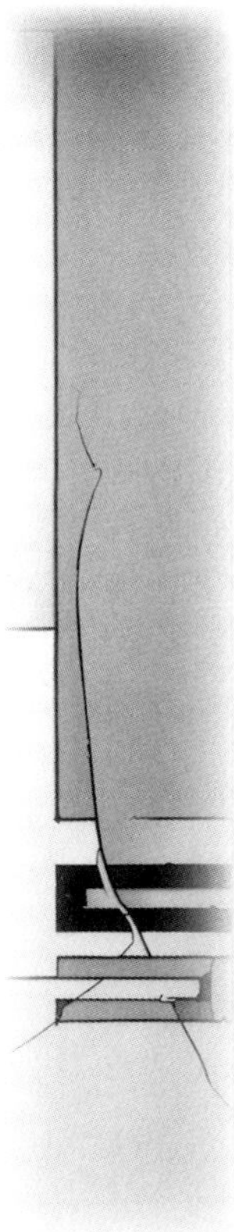

Hauptsache gesund!?

Die Heilssehnsucht des Menschen – heute und im Kontext der Bibel

Dr. Dorothee Haart

Als ich vor etwa sieben Jahren meinen Dienst als Krankenhausseelsorgerin begann, war mein erster Eindruck: Seit den 1980er-Jahren hat sich im Krankenhaus viel geändert, als ich noch meine Ausbildung in der Krankenpflege absolvierte. Die Ökonomisierung, die heute weite Teile unserer Gesellschaft bestimmt, hat inzwischen auch Einzug ins Gesundheitswesen gehalten. Neue Gesetze haben Krankenhäuser zu eigenständigen Unternehmen werden lassen. Kliniken gehen neuerdings das Risiko ein, bei schlechtem Wirtschaften die eigene Existenz zu gefährden. Unrentablen Einrichtungen droht die Schließung oder der Verkauf. Ein harter Wettbewerb der Klinikbetreiber ist im Gange, gefolgt von Privatisierungen und Fusionierungen.

Geändert hat sich jedoch auch vieles zum Positiven: Heller, freundlicher, eben kundenorientierter ist die bauliche Ausstattung einer Klinik geworden. Leicht gewandelt haben sich auch die Berufe im Krankenhaus. Aus dem Verwaltungsdirektor wurde ein kaufmännischer Leiter. Er führt ein großes komplexes Wirtschaftsunternehmen, das sich flexibel den rasch wandelnden Bedürfnissen seiner Umwelt anpassen können muss. Gute Kommunikation nach außen und innen sind seine neuen Erfolgsrezepte. Auch die Ärzte sowie die Pflegenden werden beteiligt an der Unternehmensverantwortung. Verstanden sie sich früher ausschließlich als Heil-Künstler, wissen sie nun erstmals über jede Behandlung auch, ob sie sich im Rahmen des Haushaltsbudgets bewegt.

Zum Reden – keine Zeit!

Die Patienten profitieren davon, dass im Zuge des Wettbewerbs mehr auf Kundenfreundlichkeit geachtet wird. Man könnte ja schließlich auch zur Konkurrenz abwandern. Zugleich ist aber auch immer deutlicher der Spardruck zu spüren, der den Kliniken politisch auferlegt ist. Die Komplexität des Gesundheitswesens lässt kaum mehr überschauen, wo im Einzelnen die Mittel gekürzt werden. So wundert es nicht, wenn mir Patienten mit der bangen Frage begegnen: „Bin ich es gerade, der hier zum Einspar-Opfer geworden ist?" Bisher jedoch, sagen Politiker und Ärzte, werde es in medizinisch notwendigen Belangen keine Rationierungen geben.

Mit Sicherheit muss man aber feststellen, dass Kliniken ihre Personalausstattung reduziert haben. Mit der negativen Folge: Viele Verrichtungen werden nun im Eiltempo vorgenommen. Zum Reden – keine Zeit! Es ist die sogenannte „Gefühlsarbeit", das Trösten, das Ängste-Beruhigen, das immer wieder neue Erklären von Eingriffen, was nun zuerst weggespart wird.

Hauptsache gesund! Hier findet zum ersten Mal dieses Schlagwort seinen Ort: Medizinisch wird alles nur Mögliche getan. Was im Innern des kranken Menschen vorgeht, das empfundene Leid und die Angst, das lässt sich nur schwer messen und in Leistungs- bzw. Abrechnungswerten berechnen. Hauptsache gesund – diese verkürzte Formel (in der Pflege spricht man von „sauber und satt pflegen") macht sowohl den Patienten als auch den Mitarbeitern im Klinikalltag zu schaffen.

Krankenhausseelsorge immer wichtiger

Hat sich auch etwas hinsichtlich der Seelsorge geändert? Ja, die Seelsorge ist in den Klinken immer mehr gefragt. Auch in nichtkirchlichen Einrichtungen sprechen uns Chefärzte an, doch bitte häufiger über ihre Stationen zu gehen. Pflegende legen Patienten die Seelsorge wärmstens ans Herz. Kaufmännische Leiter bitten die Kirchen um mehr Seelsorger für ihr Haus. Natürlich hören wir das gern. Wir freuen uns, wenn wir gefragt und geschätzt sind im Klinikum. Wir versuchen, die menschlichen Sorgen und Nöte der Patienten und auch der

Mitarbeiter aufzufangen, wo für andere die Zeit zu knapp ist. Und anscheinend können wir das auch kompetenter und angemessener.

Andererseits dürfen wir nicht einfach nur die Lücken füllen, die im zwischenmenschlichen Umgang der Klinik entstanden sind. Das Zuhören, das Mitempfinden, das Mutmachen kann von den Behandelnden ja nicht an uns weiterdelegiert werden. Auch Ärzte und Schwestern müssen und wollen gute Begleiter ihrer Patienten sein. Die meisten haben den Beruf deswegen gewählt, weil sie gerne mit Menschen zu tun haben und umfassend helfen wollen.

Seelsorge bedeutet daher, auch mit diesen Mitarbeitern ins Gespräch zu treten über das, was sie innerlich bewegt. Der medizinische Arbeitsalltag, geprägt von Fachjargon, Laborwerten, Statistiken und Diagnoseschlüsseln, droht die Sprache für das eigene Erleben zu verdrängen. Die Krankenhausseelsorge arbeitet hingegen nicht mit der Sach-Sprache, sondern verwendet vor allem die Sprache des Erzählens – so wie es auch unsere Glaubens-Tradition, die Bibel, tut. Unser Auftrag ist, Menschen zuzuhören und ihre Lebensgeschichte zu Wort kommen zu lassen. Das lässt sowohl die Patienten als auch die Mitarbeiter bei allem Funktionieren-müssen zurück zu ihrer persönlichen Würde finden.

Das Krankenhaus ist eine Experten-Organisation. In den USA gibt es Versuche, die Seelsorger als Experten für Spiritualität fest in ein medizinisches Behandlungsteam einzubinden. Seelsorger erstellen Seelsorge-Diagnosen, planen eine Seelsorge-Therapie und erstellen Statistiken über ihren Erfolg. Wissenschaftliche Studien belegen, dass seelsorgliche Gespräche zur schnelleren Heilung beitragen und die Liegezeiten verkürzen. Andere Statistiken bescheinigen dem Gebet und dem regelmäßigen Gottesdienstbesuch eine gesundheitsfördernde Wirkung.

Bei aller positiven Bewertung des Religiösen ist jedoch Vorsicht geboten, wo unsere christliche Religion ausschließlich unter Nützlichkeitskriterien betrachtet und angepriesen wird. Es ist aufzuhorchen, wenn der Gott des Christentums und der Glaube an ihn dem Grundsatz untergeordnet wird: „Hauptsache gesund“! Gesellschaftlich hat inzwischen die Gesundheit schlechthin einen religionsähnlichen Status erhalten. Ein Arzt hat diese Entwicklung einmal humorvoll beschrieben: „Alles, was man früher für Gott und die Religion getan hat, tut man heute für die Gesundheit.“

Dabei schildert er, wie Menschen heutzutage statt zu den früheren Wallfahrtsheiligtümern mit gleicher Inbrunst meilenweit zu den Koryphäen der Fachmedizin pilgern. So wie man früher die Perlen des Rosenkranzes zwischen den Fingern bewegte, dreht man heute nicht minder andächtig die Pedale der Fitnessgeräte mit den Füßen ...

„Heilung" und „Heil"

Was Nachdenklichkeit hervorruft, ist der Umstand, dass der nachvollziehbare Wunsch körperlicher „Heilung" mit der Ursehnsucht des Menschen nach dem „Heil" verwechselt wird. Die Bibel kennt beide Sehnsüchte, und Jesus geht in seinen Heilungsbegegnungen auch auf beide ein. Die Heilung der blutflüssigen Frau in Lk 8,40f. kann dies verdeutlichen. Die kranke Frau berührt heimlich von hinten das Gewand Jesu, in der Hoffnung auf (körperliche) „Heilung". Nach jüdischem Gesetz würde sie damit jedoch Jesus „unrein" machen – ein schweres Vergehen! Als Jesus fragt, wer ihn denn berührt habe, fasst die Frau den Mut, sich dazu zu bekennen – und hofft jetzt, dass ihr „Heil" geschieht. „Heil" in einem umfassenden Sinn erwächst aus echter Begegnung. Es verändert den ganzen Menschen, seine Lebenseinstellung, berührt seine tiefsten Hoffnungen und Sehnsüchte. Die Heils-Zusage Jesu erhält größere Bedeutung als die Heilung: „Dein Glaube hat dir geholfen. Geh hin in Frieden!"

Heil-Sein ist nicht von körperlicher Gesundheit abhängig. Wo aber die Gesundheit mit Heil und Glück in eins gesetzt wird, muss mit allen Mitteln für den Erhalt eines schadlosen Körpers gekämpft werden. Die Bibel spricht jedoch von Beginn an von der Geschöpflichkeit und Kreatürlichkeit des Menschen und dass seine endgültige Heils-Vollendung noch aussteht. Nach christlicher Auffassung und dem Beispiel des Sterbens Jesu ist die Endlichkeit und Todverfallenheit des Lebens kein bedauerlicher Mangel, sondern integraler Bestandteil menschlichen Daseins. Es macht die Leidensfähigkeit eines Menschen aus, der Brüchigkeit des Lebens ins Auge schauen zu können und sich mit ihr zu versöhnen. Ein Beter des Alten Testamentes bringt es auf seine Weise trefflich zum Ausdruck: „Unsere

Tage zu zählen, lehre uns! Dann gewinnen wir ein weises Herz" (Ps 90,12).

Menschen, die sich gegenüber jeglicher Leidensmöglichkeit und Leidensfähigkeit verschließen, sind auch kaum in der Lage mitzuleiden. Der Arzt H.-E. Richter spricht von der Krankheit, nicht krank sein zu können. Der evangelische Theologe Karl Barth prägte den Begriff: „Gesundheit ist Kraft zum Menschsein." Ein körperlicher Befund, etwa eine gelähmtes Bein, kann gewiss die Kraft zum Menschsein behindern. Diese Beeinträchtigung kann aber auch die Kraft zum Menschsein fördern, sofern beim Betroffenen die Einsicht um die eigene menschliche Angewiesenheit und Anfälligkeit vermehrt wird. Kraft zum Menschsein bedeutet, auch mit Störungen des physischen und psychischen Befindens in Würde zu leben.

Laut dem Philosophen H.-G. Gadamer gibt es Gesundheit nur als „verborgene" Gesundheit. Gemeint ist damit jener Zustand, in dem der Mensch vergisst, dass er überhaupt gesund ist. Denn je mehr der Mensch sich um Gesundheit bemüht, umso mehr entzieht sie sich ihm, vergleichbar den Eigenschaften wie Vertrauen, Liebe, Gnade und oder auch den Schlaf. „Niemand kann Gesundheit absichtsvoll herstellen. Sie zieht sich bei meinem Zugriff wie in ein Schneckenhaus zurück. Sie muss sich ergeben, kann sich mit ergeben", so Gadamer. Gesundheit vollzieht sich für ihn als ein „selbstvergessenes Weggegebensein an die Menschen und die Dinge seiner Welt".

In der Krankheit dagegen ist der Mensch auf sich zurückgeworfen, kreist nur um sich selbst. Die Redewendung „Hauptsache gesund" kann aus dieser Sichtweise sogar dem Gedanken der Gesundheit entgegenstehen. Betrachtet man den heutigen Gesundheitsmarkt, wo bereits eine genetische Veranlagung oder die Überschreitung eines labortechnischen Sollwertes dringend aufgespürt und lebenslang beobachtet werden müssen, liegt dieser Gedanke nahe. Lassen sich Menschen von solchen Sorgen plagen und kreisen in Gedanken ständig um sich und ihre Gesundheit, sind, nach Gadamer, die Anzeichen einer Krankheit gegeben – ohne dass ein konkreter Befund vorliegen muss.

Die Geschichte des Hiob

Mit den Erfahrungen von Krankheit und Leid befasst sich ausdrücklich die Heilige Schrift. Das Buch Hiob gilt als die klassische Weisheitsliteratur zum Thema Leid. Bekannt ist hauptsächlich das Bild des Dulders Hiob, der mit seinen Geschwüren in der Asche sitzt und bekennt: „Der Herr hat es gegeben, der Herr hat es genommen, gepriesen sei der Name des Herrn." Doch bleibt die Geschichte dabei nicht stehen. Hiob beginnt nun das große Klagen und Hadern mit Gott. Die Antwort Gottes klingt allerdings erst einmal nicht sehr tröstlich.

Gott fragt sinngemäß: „Warst du denn dabei, Hiob, als ich das Meer geschaffen habe, die Steppe und die Wüste? Warst du dabei, als ich den Löwen gebildet habe und auch dem Löwenjungen seine Nahrung gab?" Gott erwähnt hier bewusst die menschenfeindliche Welt, die er schuf und die ihm ebenfalls am Herzen liegt. Denn nicht alles scheint sich um den Menschen und sein Glück zu drehen und nicht alle Pläne Gottes sind uns zugänglich gemacht. Es ist eine nur schwer auszuhaltende Wahrheit, dass wir unsere Welt nicht vollends verstehen und erklären können. Es bleiben Fragen und Unbestimmbarkeiten, Grenzen unseres Denkens und Seins, auch wenn uns das zutiefst kränkt.

In der Geschichte tauchen drei Freunde auf, die Hiob trösten wollen. Sie sitzen sieben Tage und sieben Nächte bei ihm und schweigen. Sie sagen nichts. Doch Hiobs Gottesanklage können sie schließlich nicht mehr länger schweigend ertragen. Sie bemühen sich um Erklärungen: „Vielleicht ist das eine Probe. Sobald du sie bestanden hast, wirst du wieder gesund." Oder es kommt der Vorschlag: „Du hast vielleicht ein kleines Vergehen begangen. Bitte doch um Vergebung, dann wirst du wieder gesund." Doch Hiob bleibt dabei: „Ich bin unschuldig, ich bin im Recht. Gott ist im Unrecht." Voll Zorn antworten die Freunde: „Wenn du so stur bist, dann wird auch Gott Recht haben, dass er dich so straft."

Die Freunde meinen es gut. Sie wollen Hiob helfen und trösten. Sie sind schließlich auch empört über die Gottesbeschimpfungen und sehen sich veranlasst, Gott zu verteidigen. Am Ende verurteilt Gott trotzdem gerade jene drei und wirft ihnen vor: „Wie kommt ihr drei dazu, euch zu Anwälten meiner Person aufzuschwingen! Habe ich das nötig?" Hiob hingegen erfährt Gottes Gunst, denn bei all seiner Anklage hat er sich stets direkt an Gott gewandt und ihn angesprochen, wogegen die drei Freunde, statt mit Gott zu sprechen, lediglich über ihn spekulieren.

Mit dem Kranken zu Gott sprechen

Die Hiobdichtung hält uns einen Spiegel vor. Wie schwer fällt es uns, schweigend unseren kranken Freunden beizustehen! Wir kennen den gleichen Drang, die Dinge zu erklären. Auch unsere gesicherte Weltsicht gerät in der Begegnung mit schwerem Leid ins Schwanken. Wir versuchen, unseren Glauben an einen uns behütenden Gott zu verteidigen. In der Krankenseelsorge habe ich gelernt, nicht über Gott zu spekulieren und auch nicht ihn zu verteidigen.

Ein besserer und von den Patienten gern angenommener Weg ist, gemeinsam mit den Kranken zu Gott zu sprechen. Für den Kranken, aber auch für mich selbst, bedeutet dies eine große seelische Entlastung und Stütze. Ich kann und brauche niemandem zu beantworten, warum ihn dieses Leid trifft. Aber ich kann mich zu diesem Menschen setzen und mit ihm gemeinsam fragen: „Gott, warum gerade jetzt? Warum gerade dies?" Alles andere wäre nicht angemessen.

Hauptsache gesund!? Nicht ohne Grund stehen hinter der Überschrift sowohl ein Ausrufungs- als auch ein Fragezeichen. Natürlich möchten wir jedem Menschen zu jeder Gelegenheit Gesundheit wünschen. Doch denken wir als Christen nicht allein an die körperliche Gesundheit. An ihr hängt eben nicht das, was Jesus uns allen verheißt: Heil und Leben.

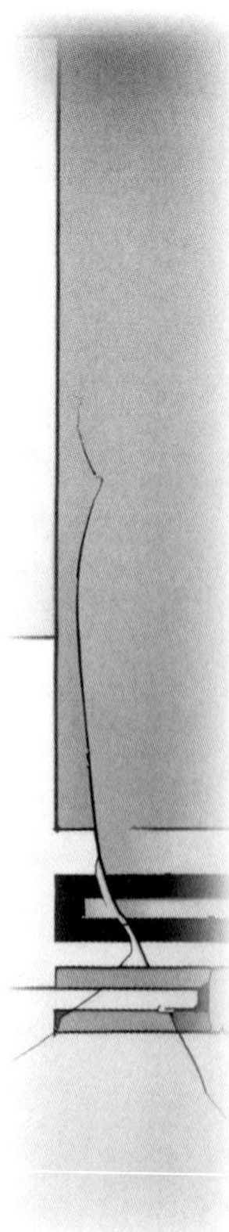

Kirche als Leib Christi – Kontrast zu einer Kirche als Institution

Überlegungen zu einem brisanten Verhältnis

Ansgar Hawighorst

Im Folgenden möchte ich mit Ihnen über ein Thema nachdenken, das mich als Personalreferent des Erzbistums Hamburg auch persönlich betrifft. Sechs Fragen sollen uns das Thema aufschließen:

1. Welche Erfahrung steht hinter diesem Thema?
2. Was meint Kirche als Leib Christi?
3. Wie lebt Kirche als Leib Christi?
4. In welchem Verhältnis steht Kirche als Leib Christi zu Kirche als Institution?
5. Wie können Kirche als Leib Christi und Kirche als Institution in Kontrast geraten?
6. Woran erkenne ich, ob die Richtung stimmt?

1. Welche Erfahrung steht hinter diesem Thema?

Im Westteil der Bundesrepublik (in Mecklenburg erlebe ich das anders) wird Kirche auch von ihren Mitgliedern weitgehend unter dem Aspekt der Dienstleistung gesehen. Kirche bietet ihren Mitgliedern Dienste an für die Gestaltung und Bewältigung von wichtigen Lebensereignissen, zum Beispiel Beerdigung und Taufe für Tod und Geburt. Sie gibt Hilfestellung in Lebens- und Glaubensfragen. Sie ist ein wichtiger Teil unseres Erziehungs- und Sozialsystems. Sie ist eine gesellschaftliche Kraft, die zu berücksichtigen ist, ähnlich wie Gewerkschaften oder Sportverband.

Kirche wird als eine Institution unter anderen im Bereich der Dienstleistung gesehen. Solange es dabei bleibt, ist die Frage eigentlich nur, ob es sich um eine gute, hilfreiche und effektive Institution handelt. Aber damit ist das Entscheidende von Kirche, wie sie sich selbst versteht, überhaupt noch nicht erfasst. Dessen sind sich heute viele nicht bewusst.

Unser Thema „Kirche als Leib Christi – Kontrast zu einer Kirche als Institution" macht darauf aufmerksam, dass Kirche eine Wirklichkeit ist, die allein mit Institution gar nicht zu beschreiben ist. Sie ist vor allem eine gelebte geistliche Wirklichkeit, und diese nennt Paulus „Leib Christi". Wenn ich aber Kirche als Leib Christi verstehe und als geistliche Gemeinschaft suche, dann kann es geschehen, dass ich in der Begegnung mit der Institution Kirche eine Erfahrung mache, die im Kontrast steht zu meinem Verständnis und meiner Erwartung an Kirche – so sehr, dass mir die institutionelle Realität von Kirche als Skandal erscheinen kann.

2. Was meint Kirche als Leib Christi?

Ich sagte schon, dass wir mit Leib Christi eine geistliche Wirklichkeit meinen. Um diese genauer zu beschreiben, gehe ich von dem Wort Kiche aus. Unser deutsches Wort „Kirche" ist abgeleitet von dem griechischen Wort „kyriake" – die zum Herrn Gehörenden. Genauer müsste es heißen: „oikia kyriake" – die zum Herrn gehörende Hausgemeinschaft, die Hauskirche. Das griechische Wort „kyriake" meint eine Gemeinschaft von Menschen, die einen persönlichen Ruf erfahren haben und daraus leben. Das Wort „kyriake" macht uns darauf aufmerksam, dass es Kirche nur insoweit gibt, als Menschen einer persönlichen Berufung folgen. Papst Benedikt hat das in seiner Enzyklika „Deus caritas est" prägnant beschrieben: „Am Anfang des Christseins steht nicht ein ethischer Entschluss oder eine große Idee, sondern eine Begegnung mit einem Ereignis, mit einer Person, die unserem Leben einen neuen Horizont und damit seine entscheidende Richtung gibt" (Nr. 1). Es geht darum, Gott so wahrzunehmen, wie er wirklich ist, nämlich als einen Gott, der Liebe ist. Christsein heißt für Benedikt, sich zu entscheiden, der Liebe zu trauen und davon sein Leben bestimmen zu lassen. Eine Berufung persönlichster Art ist der Anfang und Lebensquell von Kirche.

Das Persönlichste, das ich als Mensch überhaupt erfahren kann, nämlich von Gott berufen zu sein, ist nun zugleich das, was mich als Mensch am tiefsten mit jedem anderen von Gott berufenen Menschen verbindet. Dies wahrzunehmen ist entscheidend, um Kirche als Leib Christi zu erfahren. Es gibt kleine Ereignisse oder Begegnungen, die uns dies erschließen können. Wenn ich versuche, meinen Weg mit Gott zu gehen und auf einen Menschen stoße, der auch versucht, seinen Weg mit Gott zu gehen, dann kann es mir passieren, dass ich von diesem Menschen weder den Namen noch seine Biografie kenne und trotzdem unmittelbar spüre, dass es etwas gibt, das uns tief miteinander verbindet.

Mit Erstaunen habe ich das bei Besuchen in den verschiedensten Gemeinden immer wieder erlebt. Unser persönliches Leben mit Gott ist sofort, ob wir das wollen oder nicht, ob wir es merken oder nicht, auch ein gemeinschaftliches Leben. Dieses persönliche und zugleich gemeinschaftliche Leben meinen wir, wenn wir von Kirche als Leib Christi sprechen.

3. Wie lebt Kirche als Leib Christi?

Ich möchte hier nur zwei Elemente des Lebens von Kirche als Leib Christi nennen, die aus meiner Sicht heute von zentraler Bedeutung sind.

a) Es bedarf einer Spiritualität. Mit Spiritualität meine ich dabei den Weg, wie ich lernen kann, das Evangelium zu leben. Johannes Paul II. hat das in seiner Enzyklika „Novo milliennio ineunte" sehr eindrucksvoll beschrieben. Er sagt, dass es für den Christen des 3. Jahrtausends einer Spiritualität der Gemeinschaft bedarf. „Spiritualität der Gemeinschaft bedeutet vor allem, den Blick des Herzens auf das Geheimnis der Dreifaltigkeit zu lenken, das in uns wohnt und dessen Licht auch auf dem Angesicht der Brüder und Schwestern neben uns wahrgenommen werden muss" (Nr. 43). Beim ersten Hören kann man diesen Satz kaum erfassen. Ich versuche ihn deshalb aufzuschlüsseln: Vor allem geht es darum, „den Blick des

Herzens zu richten auf das Geheimnis der Dreifaltigkeit, das in uns wohnt"... Im Konzilsdekret „Gaudium et spes" heißt es sinngemäß: Im Inneren eines jeden Menschen gibt es ein Heiligtum, in dem der Mensch mit seinem Gott allein ist und in dem Gott mit seinem geliebten Menschen spricht. Im Inneren eines jeden Menschen gibt es dieses Heiligtum – unabhängig davon, ob ein Mensch das weiß oder nicht. So ist er geschaffen. Aber für einen Menschen ist es entscheidend, ob er Zugang zu diesem Heiligtum gewinnt. Und deswegen sagt der Papst: Vor allem geht es darum, „den Blick des Herzens zu richten auf das Geheimnis der Dreifaltigkeit, das in uns wohnt", und so Zugang zu gewinnen zu dem Heiligtum, das in mir ist und in dem Gott mit mir, seinem geliebten Menschen, spricht. Wir nennen dies „Beten".

Das meinen wir vor allem mit Beten. Danken, Bitten, Loben soll damit als Gebet nicht abgewertet werden. Aber das Beten, das unser Leben grundlegend verändern kann, ist dieses Ereignis, dass ein Mensch so Zugang zu seinem Inneren gewinnt, dass Gott mit ihm sprechen kann. Die Wirkung dieses Betens ist deutlich anders, als die meisten sich das vorstellen. Viele stellen sich ja die Wirkung des Betens – sehr vereinfacht dargestellt – so vor: Ich habe ein Problem. Ich bete und das Problem ist weg. Das gibt es auch – ist aber aus meiner Sicht nicht der Normalfall von Gebetserhörung. Es wäre am Ende auch langweilig. Aus meiner Sicht ist die „normale" Wirkung des Betens, dass die Realität meines Lebens, mit allen Freuden und auch allen Zumutungen, von außen gesehen bleibt, wie sie ist, dass sie aber anfängt, mir von einem Gott zu sprechen, der es mit mir sehr gut meint. Pater Mühlenbrock SJ hat das als Erfahrung so formuliert: „Gott umarmt uns mit der Wirklichkeit."

Kirche ist für mich das geistliche Ereignis, dass Menschen den guten Gott wahrnehmen können, wie er sich in der Wirklichkeit ihres Lebens zeigt. Dadurch ändert sich auch mein Leben, Denken und Tun grundlegend (natürlich nicht, ohne dass ich selbst mit all meinen Kräften gefordert bin). Vor allem ändert sich die Wahrnehmung des Mitmenschen. Johannes Paul II. beschreibt das in einer fantastischen Formulierung. Es geht darum, „den Blick des Herzens zu richten auf das Geheimnis der Dreifaltigkeit, das in uns wohnt und dessen Licht auch auf dem Angesicht der Brüder und Schwestern neben mir wahrgenommen werden muss".

Das Licht, den Abglanz dieses Geheimnisses, wahrnehmen auf dem Angesicht der Schwestern und Brüder. Ich habe das vorher noch nie so gehört. Es gibt Menschen, da muss man blind sein, wenn man das Licht nicht wahrnimmt. Unser verstorbener Papst, denke ich mir, war solch ein Mensch. Nur so kann ich mir erklären, wie es möglich war, dass er, als er kein Wort mehr sprechen konnte, nur noch sein Angesicht zeigte, allein dadurch Millionen von Menschen zutiefst treffen konnte.

Oft ist es aber nicht leicht, ein Licht auf dem Antlitz des anderen zu sehen. Normalerweise sind wir ja in der Lage, das Geheimnis, das wir in uns tragen, durch unser Verhalten, durch unser Sein, deutlich zu verdunkeln. Deswegen ist es nicht selbstverständlich, das Licht und den Abglanz des Geheimnisses wahrzunehmen auf dem Angesicht der Schwester, des Bruders neben mir. Vielmehr bedarf es eines Schrittes, der mich als Person ganz fordert – und letztlich doch Geschenk ist.

Ich meine damit Folgendes: Dass ich mich nicht absolut bestimmen lasse von dem, wie ich den anderen erlebe. Der andere ist ja ein großes Geschenk Gottes für mich. Gott sei Dank darf ich das auch erleben. Ich erlebe ihn allerdings auch als eine große Zumutung. Das gehört zusammen. Deswegen der Schritt, mein Verhalten nicht absolut abhängig zum machen vom Erleben des anderen, sondern zu versuchen, dem Geheimnis gerecht zu werden, das im anderen lebt – auch wenn er es nicht weiß, auch wenn er sich nicht so verhält.

Für mich ist die Begegnung mit dem anderen eine Begegnung mit meinem Gott. Dem versuche ich zu entsprechen. Wir nennen diesen Vorgang „Nächstenliebe“. Es gibt Augenblicke, da ist mir dies geschenkt und wie selbstverständlich. Oft aber nicht. Oft erfordert es vielmehr eine Art von Sterben. Ein Sterben, das eine Fülle des Lebens geben kann, die man vorher nicht gekannt hat.

Um Kirche als Leib Christi zu leben, bedarf es einer Spiritualität der Gemeinschaft. Das bedeutet vor allem, „den Blick des Herzens zu lenken auf das Geheimnis der Dreifaltigkeit, das in uns wohnt und dessen Licht auch auf dem Angesicht der Brüder und Schwestern neben uns wahrgenommen werden muss“.

b) Das Leben von Kirche als Leib Christi realisiert sich in konkreten, tragenden Gemeinschaften. In ganz unterschiedlichen Formen kann es diese geben. Aber Christ zu sein, ohne Menschen benennen zu können, mit denen ich als Christ mehr oder weniger verbindlich zusammenlebe, Menschen, die mich tragen und ertragen und die ich trage und ertrage –, erscheint mir ziemlich unrealistisch.

Diese tragende Gemeinschaft kann meine Familie sein, kann eine Gruppe sein, kann ein Orden sein, es kann eine geistliche Gemeinschaft sein. Die Form ist gar nicht festgelegt. Entscheidend ist, dass es Menschen gibt, mit denen ich lebe und von denen ich sagen kann, dass wir einander tragen und ertragen, Menschen, die Jesu letzten Wunsch aufnehmen: „Liebet einander, wie ich euch geliebt habe."

Ich war sieben Jahre Pfarrer von Blankenese und war immer wieder erstaunt, wenn jemand mir sagte: „Man kann doch hier mit 5 000 bis 6 000 Gemeindemitgliedern keine Gemeinde bilden." Ich habe oft geantwortet: „Natürlich kann man das nicht, wenn damit gemeint ist, dass ich alle kenne und mich um alle persönlich kümmere. Aber innerhalb der 5 000 bis 6 000 Gemeindemitglieder kann es doch vielleicht zwei bis fünf Personen geben, mit denen ich mehr oder weniger Freud und Leid teilen kann und so Gemeinschaft lebe. Und wenn nicht in der Ortsgemeinde, dann eben anderswo." Gemeinde ist nicht einfach Gemeinschaft, sondern sie ist Gemeinschaft von Gemeinschaften. Und diese Gemeinschaften finden sich Sonntag für Sonntag zusammen, um das Herrenmahl zu feiern, das uns hineinnimmt in dieses Geheimnis, dass wir schon Leib Christi sind und als Gemeinde vor Ort entsprechend leben dürfen. Spiritualität und tragende Gemeinschaft sind für mich wesentliche Elemente, um heute Kirche als Leib Christi zu leben.

4. In welchem Verhältnis steht Kirche als Leib Christi zur Kirche als Institution?

Wenn es richtig ist, dass es einer konkreten, tragenden Gemeinschaft bedarf, um Kirche als Leib Christ zu leben, dann ist auch klar: Kirche als Leib Christi und Kirche als Institution sind keine absoluten Gegensätze. Vielmehr ist es wesentlich für die Kirche als Leib Christi, eine sichtbare, fassbare Seite zu haben.

Leib Christi meint zwar eine geistliche Wirklichkeit. Aber wir sind nicht im Himmel. Wir leben auf der Erde und unser Leben braucht eine Verleiblichung. Kirche als Leib Christi meint ein geistliches Leben, aber dieses Wort „Leib" will auch sagen, dass dieses Leben notwendig eine sichtbare institutionelle Seite hat.

Diese institutionelle Seite kann Ausdruck und Unterstützung des Lebens sein. Ich nehme ein einfaches Beispiel. Wir sind hier in der schönen Kirche von Quickborn. Ich kenne auch noch die kleine alte Kirche. Ich habe aus der Ferne den Prozess der Entstehung der neuen Kirche miterlebt. Wenn wir auf die Entstehung des Kirchengebäudes schauen, dürfen wir sagen: Diese schöne Kirche ist Ausdruck des Lebens der Gemeinde. Sie ist auch zugleich Unterstützung des Lebens der Gemeinde. Was würden wir heute tun, wenn wir die Kirche nicht hätten, diesen schönen Raum, in dem wir uns versammelt haben? Institution kann Leben ausdrücken und fördern.

5. Wie können Kirche als Leib Christ und Kirche als Institution in Kontrast geraten?

Wie kann es geschehen, dass Kirche als Leib Christi und Kirche als Institution in einen Kontrast geraten, sodass Leute sagen, das passt doch nicht zusammen? Wir treffen hier auf einen sehr sensiblen Punkt. So wahr ist, dass es Kirche als Leib Christi niemals gibt ohne Kirche als Institution, so ist es andererseits durchaus möglich, dass es Kirche als Institution gibt, ohne dass es das Leben des Leibes Christi überhaupt noch gibt. Das ist sehr wohl möglich. Die Institution garantiert nicht das Leben, sondern die Institution muss vom Leben her aufgebaut sein.

Wenn ich mich frage, wie es geschehen kann, dass Kirche als Leib Christi und Kirche als Institution in einen Kontrast, vielleicht auch in einen unüberwindbaren Gegensatz, geraten, fallen mir zwei Vorgänge ein – es gibt sicher noch mehr. Es kann geschehen, dass das innere Leben, die Lebendigkeit des Leibes Christi verschwindet. Damit verschwindet die Institution noch lange nicht. Ganz im Gegenteil. Eine Gemeinde mit vielen tollen Veranstaltungen garantiert doch nicht, dass damit auch das Leben als Leib Christi gegeben ist. Überhaupt nicht.

Wir haben großartige Einrichtungen: Schulen, Kindergärten, Krankenhäuser, auf die wir mit Recht stolz sind. Aber wir dürfen und müssen uns auch fragen, ob diese mit einem Leben erfüllt sind, das Kirche als Leib Christi – wenigstens anfanghaft und unvollkommen – widerspiegelt. Kirche als Institution ohne angemessenes Leben als Leib Christ kann auch zum Ärgernis werden.

Ein zweiter Vorgang, der dafür sorgen kann, dass Kirche als Institution und Kirche als Leib Christi als Kontrast erfahren werden. Kirche als Institution unterliegt auch den Gesetzmäßigkeiten einer Institution. Es kann nun geschehen, dass die institutionelle Seite der Kirche sich so wandelt, dass das Leben als Leib Christ Schaden nimmt. Ich nehme als Beispiel den Prozess der Konsolidierung und Restrukturierung im Erzbistum Hamburg, den wir gerade erlebt und auch erlitten haben. Wenn wir weniger Geld haben, und Institution kostet auch Geld, dann muss sich institutionell etwas ändern. Aber in dem Prozess der Änderung und mit dem Ergebnis der Änderung ist nicht gesichert, dass all das dem Leben als Leib Christi auch angemessen ist. Im Rückblick auf den Konsolidierungsprozess sehe ich auch Vorgänge, die in mir die Frage wecken, ob wir da unserem Anspruch, Leib Christi zu sein, gerecht geworden sind.

Was ist zu tun, wenn Kirche als Institution und Kirche als Leib Christi in Kontrast geraten? Eigentlich ist diese Situation nicht neu. Nicht umsonst heißt es: ecclesia est semper reformanda, die Kirche ist immer einer Reform zu unterwerfen. Damit meinen wir ein Doppeltes: dass das innere Leben als Kirche uns nicht auf Vorrat geschenkt wird, sondern Tag für Tag der Erneuerung bedarf, und dass die äußere Form der Kirche niemals ein für alle mal klar ist. Nein, sie ist immer wieder neu dem Leben und der Zeit anzupassen. Mehr noch: Die institutionelle Form unserer Kirche soll evangelisierend sein, d.h. auch die Form soll zeitgemäß vom Evangelium sprechen.

6. Woran erkenne ich, ob die Richtung stimmt?

Woran erkenne ich, ob die Richtung in unserer Kirche, in unserem Erzbistum und in unseren Gemeinden stimmt? Vieles habe ich schon gesagt. Und doch ist der entscheidende Punkt noch nicht genannt: Wenn ich wissen will, ob das Leben der Kirche bei uns die richtige Richtung hat, muss ich nicht auf das Innenleben der Kirche schauen. Ganz im Gegenteil: Die Sehnsucht Gottes ist, dass Kirche als Leib Christi sacramentum mundi, Sakrament für die Welt, wird.

Von Gott her ist Kirche nicht nur für sich selbst gedacht, sondern für die Welt. Menschen, die Gott nicht kennen, sollen im Kontakt mit der Kirche eine Chance haben, das Evangelium von unserem guten Gott kennenzulernen. In unserem Kulturkreis müssen wir ja damit rechnen, dass Menschen weitgehend von der Erfahrung Gottes abgeschnitten sind. An der Art und Intensität, mit der wir als Einzelne, als Gemeinde und als Bistum darauf zu reagieren versuchen, lässt sich am besten ablesen, ob die Richtung unserer Kirche im Norden und in unserem eigenen Leben stimmt.

Unterwegs zur Einheit der Kirchen

Was tun, bis es so weit ist?

Stephan Dreyer

Im Brief an die Epheser schreibt der Apostel Paulus: „Jetzt aber seid ihr, die ihr einst in der Ferne wart, durch Christus Jesus, nämlich durch sein Blut, in die Nähe gekommen. Denn er ist unser Friede. Er vereinigte die beiden Teile (Juden und Heiden) und riss durch sein Sterben die trennende Wand der Feindschaft nieder. (...) Er stiftete Frieden und versöhnte die beiden durch das Kreuz mit Gott in einem einzigen Leib. (...) Durch ihn haben wir beide in dem einen Geist Zugang zum Vater. Ihr seid also jetzt nicht mehr Fremde ohne Bürgerrecht, sondern Mitbürger der Heiligen und Hausgenossen Gottes. Ihr seid auf das Fundament der Apostel und Propheten gebaut; der Schlussstein ist Christus Jesus selbst. Durch ihn wird der ganze Bau zusammengehalten und wächst zu einem heiligen Tempel im Herrn. Durch ihn werdet auch ihr im Geist zu einer Wohnung Gottes erbaut" (Eph 2,13–22).

Wir sind eins in der Taufe ...

Mit diesem Wort des Apostels Paulus hat Kardinal Kasper, der Präsident des Päpstlichen Rates zur Förderung der Einheit der Christen, einen Vortrag begonnen, den er 2004 auf dem Katholikentag in Ulm gehalten hat. Im Lichte dieses Bibelwortes möchte ich den Blick werfen auf den Weg zur Einheit der Kirche und die Station, an der wir uns befinden.

Paulus spricht von der Trennung zwischen Kirche und Synagoge zu Beginn der Zeit der Kirche, sozusagen von dem Urschisma, von der Urtrennung, die das Volk Gottes getroffen und beschädigt hat. Denn der Bund Gottes mit seinem auserwählten Volk Israel besteht fort und die Heiden (Nichtjuden) sind durch den neuen Bund in Jesus Christus in diese Gemeinschaft mit hineingenommen worden.

Dieses Urschisma zwischen Synagoge und Kirche ist in gewisser Weise die Quelle weiterer Spaltungen, die die Christenheit im Laufe der Jahrhunderte erlebt hat. Und wir können, so sagt Kardinal Kasper, dieses Bibelwort durchaus übertragen auf die heutige Situation. Auf die Situation einer gespaltenen Christenheit, zersplittert in die vier großen Konfessionsfamilien: Katholische Kirche, orthodoxe Kirche, Freikirchen und evangelische (Landes-)Kirchen.

Paulus sagt: Eigentlich sind wir eins, wir sind eins in der Taufe. Wir sind eins in der Taufe, aber nicht im Sinne von Menschenwerk, sondern die Einheit in der Taufe ist das Werk Christi und so ist die volle Einheit der Christenheit, die wir so sehr ersehnen, eben auch nicht etwas, das wir vollbringen könnten oder vollbringen müssten, sondern sie ist Geschenk. Die Einheit der Christen ist ein geistliches Geschehen, das seinen Grund in Jesus Christus und in der Taufe hat, die uns vereint.

An dieser Stelle wird der Skandal deutlich, in dem wir leben. Der Skandal, dass wir einerseits zur Einheit berufen sind, durch die eine Taufe eins sind mit Christus und untereinander dennoch in getrennten Kirchen leben. Wir haben in 2000 Jahren Geschichte ungezählte neue Mauern aufgerichtet und Gräben aufgerissen, unter denen wir heute leiden und die wir noch nicht überwinden können.

Was sind die Mauern und Gräben? Was trennt die Kirchen noch? Ist es das Unvermögen der Kirchenleitungen, sich von lieb gewordenen Gewohnheiten zu trennen und aufeinander zuzugehen? Oder sind es die Spitzfindigkeiten, die nur ein paar Spezialisten, die das studiert haben, verstehen können? Was hindert die Kirchen, so ähnlich sie einander inzwischen geworden sind, eigentlich daran, ihre Institutionen zusammenzuführen und zu fusionieren? Oder, warum können wir nicht die Verschiedenheiten der Kirchen einfach stehen lassen? Die Vielfalt bereichert uns doch. Wir erleben, dass nicht wenige Menschen in unseren Kirchen dieses vielfältige Angebot gerne wahrnehmen. Den einen Sonntag gehen sie in eine katholische Kirche, an einem anderen Sonntag besuchen sie einen evangelischen Gottesdienst.

Viele Glaubensunterschiede zwischen Katholiken und evangelischen Christen, die das Verhältnis der Kirchen über Jahrhunderte belastet haben, können wir heute als wechselseitige Ergänzungen und Bereicherungen verstehen. Die Kirchen haben in den vergangenen Jahrzehnten viel voneinander und miteinander gelernt und haben ihren gemeinsamen Glauben in zahlreichen Dokumenten formuliert.

Von besonderer Bedeutung bleibt die Einigung der Kirchen im Verständnis der Rechtfertigung: Katholiken und Lutheraner bekennen nach fast fünfhundert Jahren der Trennung gemeinsam: „Allein aus Gnade im Glauben an die Heilstat Christi, nicht auf Grund unseres Verdienstes, werden wir von Gott angenommen und empfangen den Heiligen Geist, der unsere Herzen erneuert und uns befähigt und aufruft zu guten Werken."

Diese Einigung ist in zweierlei Hinsicht außerordentlich bedeutsam. Zum einen handelt es sich hierbei um die Kernfrage, die im Zuge der Reformation zur Kirchenspaltung geführt hat. Für Martin Luther war das die entscheidende Frage, mit der die Kirche steht und fällt und mit der sein Verhältnis zum Papst stand und fiel. Zum anderen haben die Kirchen in dieser Erklärung eine Methode entwickelt, den gemeinsamen Glauben in Grundwahrheiten zu formulieren und gleichzeitig die Unterschiede in den Glaubenstraditionen festzuhalten. Entscheidend sind hier die Einsicht und der Erweis, dass die unterschiedlichen Ausformungen den vorher formulierten Grundkonsens nicht in Frage stellen. Diese Methode des differenzierten Konsenses zeigt für die noch strittigen Fragen eine Einigungsperspektive auf.

... und doch getrennt in den Kirchen

Aber machen wir uns nichts vor. Der Skandal der Kirchen besteht fort. Das, was uns trennt, sind wirklich Mauern und Gräben. Dabei geht vieles nicht direkt auf die Zeit der Reformation und die Anliegen der Reformatoren, besonders Martin Luthers, zurück. Fast fünfhundert Jahre Trennungsgeschichte haben auch ihre Spuren hinterlassen. Hier tritt die Frage nach der Kirche und ihren Diensten und Ämtern in das Blickfeld. Was gehört zum wesentlichen Kern der Kirche, damit sie die Kirche Jesu Christi ist? Was sind geschichtliche Ausformungen, die veränderlich sind und auch zeitgleich nebeneinander vorkommen können, ohne den wesentlichen Kern zu beschädigen?

In den evangelischen Kirchen herrscht das Verständnis vor, dass die wahre Einheit der Kirche mit der Übereinstimmung in der rechten Lehre des Evangeliums und der rechten Verwaltung der Sakramente – und hier sind die Taufe und die Eucharistie gemeint – gegeben ist. Wenn also das Evangelium so gepredigt wird, dass eine Kirche vorbehaltlos lehrt, „allein aus Gnade werden wir von Gott angenommen", und wenn die Taufe und die Eucharistie der biblischen Überlieferung entsprechend vollzogen werden, dann ist die wahre Kirche da. Mehr muss nicht gegeben sein, um von der wahren Kirche zu sprechen. Und dann kann nach dem evangelischen Modell der Gemeinschaft Europäischer Kirchen oder Leuenberger Konkordie Kirchengemeinschaft zwischen verschiedenen Konfessionen festgestellt werden.

Selbst ein unter den evangelischen Kirchen verschiedenes Verständnis davon, ob und wie Christus in der Eucharistie wirklich gegenwärtig ist, beschädigt nach evangelischem Verständnis nicht den Grundkonsens ihrer Kirchengemeinschaft. So ist es konsequent, wenn die evangelischen Kirchen auch die katholische Kirche einladen, dieser Kirchengemeinschaft beizutreten.

Nach katholischem Verständnis reicht es aber nicht aus, dass das Evangelium rein gepredigt wird, wie die Reformatoren gesagt haben, und die Sakramente in der rechten Weise verwaltet werden, damit eine Kirche im vollen Sinne Kirche Jesu Christi ist. Es kommt außerdem ganz wesentlich darauf an, wie eine Kirche verfasst ist und wie sie das geistliche Amt versteht.

In der katholischen (und in der orthodoxen) Kirche erfolgt die Bestellung zum Amt (Ordination) durch das Sakrament der Weihe. Damit wird deutlich, dass der Ordinierte seine Beauftragung nicht von der Gemeinde oder von der Diözese erhält, sondern von Jesus Christus selbst, dem Herrn der Kirche, freilich vermittelt durch den Bischof der Ortskirche.

Nach evangelischem Verständnis begründet allein die Taufe die Amtsfähigkeit des Pastors und der Pastorin. Also kann jeder und jede Getaufte die Sakramente spenden und das Evangelium in der Predigt verkünden. Lediglich um der Ordnung willen, werden die Pastorinnen und Pastoren durch ihre Kirchen ordiniert, d.h.

beauftragt. So gehören die Ordination und das Pastorenamt nach evangelischem Verständnis nicht zur Identität der einen Kirche Jesu Christi, sondern können unterschiedlich ausgestaltet werden. Auch befristete oder örtlich begrenzte Beauftragungen sind möglich.

Im Verständnis vom geistlichen Amt sind die katholische und die orthodoxe Kirche einerseits und die evangelischen Kirchen andererseits also noch getrennt. Und das in einer für die katholische und die orthodoxe Kirche wesentlichen, für die evangelischen Kirchen untergeordneten Glaubensfrage.

So wird verständlich, warum evangelische Christen die Kanzel- und Eucharistiegemeinschaft mit katholischen und orthodoxen Christen für möglich und damit für geboten halten. Katholiken dagegen können keine Eucharistie- und Kirchengemeinschaft mit Kirchen schließen, die den sakramentalen Charakter der Ordination nicht glauben und die Weihe als göttliche Beauftragung der Geistlichen nicht anerkennen.

So besteht in dieser für Katholiken wesentlichen Frage kein Grundkonsens, sondern ein grundlegender Dissens, ein Gegensatz, der die Einheit noch verhindert.

Was tun?

Wenn das, was uns trennt, nicht einfach nur unterschiedliche Ausdrucksformen ein und desselben Glaubens sind, sondern wir in – mindestens für eine Seite – wesentlichen Fragen einander widersprechen, sind wir im Kern dessen, was uns wichtig und heilig ist, voneinander getrennt. Und da genügt es dann nicht, die Unterschiede einfach stehen zu lassen, sie zu ignorieren und eine Einheit vorzutäuschen – und in der Eucharistie zu feiern, die es in Wirklichkeit gar nicht gibt.

Wir kommen in der Ökumene weiter, wenn wir die Trennungen und Spaltungen ernst nehmen. Aber nicht, indem wir uns auf die Trennungen fixieren und immer nur das Trennende ansehen, sondern eher, indem wir uns angesichts der Trennungen auf das besinnen, was uns eint, auf das, was Paulus gesagt hat: „Wir sind eins in der Taufe, wir sind eins in Christus.“ Und so muss die Ökumene heute vor allem eine gemeinsame Umkehr zu Christus, eine geistliche Ökumene sein.

Nicht die Ökumene der Organisatoren, der Pragmatiker und der Aktionisten, die immer wieder neue Veranstaltungen und Programme erfinden, ist gefragt. So wichtig der Beitrag der Theologen und Gelehrten zur Ökumene auch sein muss, wir müssen darin wachsen, die geistlichen Reichtümer und Schätze der verschiedenen Traditionen miteinander zu teilen. Allem voran steht das Gebet um die Einheit, die nur Gott uns schenken kann.

Wenn die Trennung, die wir erleben, ein Skandal ist, dann geht die Einheit der Kirche alle an. Dann kann man sich davon nicht dispensieren, dann kann man nicht sagen, das sollten andere tun und dann kann man diese Frage nicht einigen wenigen überlassen. Man kann die Ökumene dann auch nicht als eine unter vielen Fragen ansehen, die eine Gemeinde beschäftigen müssen. Dann gibt es kaum etwas von Bedeutung im Leben der Kirche, im Leben der Gemeinde, das nicht auch eine ökumenische Dimension haben muss, denn die Spaltung, die wir erleben, hemmt das geistliche Leben jeder Gemeinde.

Nicht jede Gemeinde bemerkt es, aber jede Gemeinde wird in ihrer geistlichen Fülle, in ihrem geistlichen Wachstum gehemmt, wenn sie nicht sieht, dass es z. B. in der evangelischen Frömmigkeit viele Schätze zu entdecken gibt, die in unserer Tradition unterentwickelt sind. Und die Spaltung der Christenheit, das erleben wir in der säkularen Welt, macht die Christen unglaubwürdig. Wie soll die Kirche das Sakrament der Einheit für die Menschheit sein, wie sollen die Christen die Menschen zusammenführen, wenn sie selbst gespalten und zerrissen sind?

Die Ökumene muss alle Felder der Pastoral durchdringen. Das heißt nicht, dass wir alles gemeinsam machen können und alles jetzt schon gemeinsam machen müssen, aber das heißt, dass wir in allen Fragen, mit denen wir uns beschäftigen in der Gemeinde, immer mitbedenken müssen, dass wir nicht die Einzigen sind, die an diesen Fragen dran sind. Ich erinnere an das Pastoralgespräch im Erzbistum Hamburg. Im Leitsatz 4 wird als ein Leitbild für die Entwicklung unserer Pastoral formuliert, dass wir bei den pastoralen Aufgaben und Projekten nach Wegen der Zusammenarbeit mit anderen christlichen Gemeinden suchen.

Wie wäre es denn, wenn man in einer Gemeinde einmal mit einem ökumenischen Blick durch das gesamte Jahresprogramm ginge und fragte: Was könnten wir mit unseren Nachbargemeinden gemeinsam machen? Und vielleicht könnte eine der evangelischen Nachbargemeinden sich umgekehrt genau dieselbe Frage stellen.

Und schließlich: Ökumene aus einem Geist der Liebe. Gemeint ist die Liebe und die Wertschätzung der anderen um ihrer selbst willen. Im Geist der Liebe wächst der Wunsch, dass die anderen noch tiefer aus ihrer eigenen, anderen Tradition schöpfen mögen. Das Wohl und die Zukunft der anderen Kirchen muss uns am Herzen liegen. Die Ökumene der Liebe ist aber auch eine Frage der Liebe zur Wahrheit. Das heißt, da, wo ich im Glauben feststehe, bin ich auch herausgefordert zum Zeugnis für diese Glaubenswahrheit und darf mich nicht auf billige Kompromisse und das Übertünchen von Glaubensunterschieden einlassen.

Wir müssen den Schmerz der Trennung aushalten, aber wir dürfen ihn nicht verdrängen. Wir können diese Erfahrung im Gebet vor Gott tragen und wir können für die Erneuerung aus dem Geist der Taufe beten. Das heißt Umkehr, die für die katholische Kirche gelten muss wie für die evangelische, die für jeden Einzelnen gelten muss wie für die Gemeinschaften. Ein konkretes Beispiel ist das Ökumenegebet, das Weihbischof Dr. Jaschke und Bischöfin Jepsen vor vielen Jahren den Kirchen hier im Norden anempfohlen haben. Es ist dafür gedacht, in jeder Eucharistiefeier, in jedem Gottesdienst die Fürbitten damit abzuschließen.

Konfessionsverschiedene Familien spüren die Trennung der Kirchen besonders, vor allem diejenigen unter ihnen, die ihre Konfessionsverschiedenheit konfessionsverbindend verstehen. Die katholische Kirche kann aus den genannten Gründen an die Gläubigen getrennter Kirchen keine allgemeine Einladung zur Kommunion aussprechen, sie kennt die Regel, dass jeder in der Kirche zur Kommunion gehen soll, zu der er gehört.

Kardinal Kasper ergänzte in dem erwähnten Vortrag diese Regel wie folgt: „Neben dieser Grundregel gibt es eine zweite. Das Konzil sagt, ‚die Sorge um die Gnade‘ empfehle in manchen Einzelfällen die Gottesdienstgemeinschaft (Ökumenismusdekret, 10). Ähnlich sagt das katholische Kirchenrecht: ‚Das Heil der Seelen ist das oberste Gesetz‘ (CIC can. 1752). Deshalb sieht das katholische Kirchenrecht vor, dass in bestimmten außerordentlichen Situationen ein nichtkatholischer Christ, sofern er den eucharistischen Glauben teilt und ihn in seinem Leben bezeugt, zur Kommunion zugelassen werden kann (CIC can. 844; Instruktion Redemptoris sacramentum, 85). Natürlich lassen sich kirchenrechtlich nicht alle denkbaren individuellen Einzelsituationen auflisten; das Kirchenrecht steckt einen verbindlichen Rahmen ab, innerhalb dessen man pastoral verantwortlich handeln kann.

Der Papst hat in der Ökumeneenzyklika von 1995 den Sinn der kirchenrechtlichen Bestimmungen in einer mehr spirituellen Weise umschrieben. Er schreibt, es sei ihm ‚ein Grund zur Freude, dass die katholischen Priester in bestimmten Einzelfällen die Sakramente der Eucharistie, der Buße und der Krankensalbung anderen Christen spenden können, die zwar noch nicht in voller Gemeinschaft mit der katholischen Kirche stehen, aber sehnlich den Empfang der Sakramente wünschen, von sich aus darum bitten und den Glauben bezeugen, den die katholische Kirche in diesen Sakramenten bekennt' (Ut unum sint, 46). Dieser Satz aus der Ökumeneenzyklika war dem Papst offensichtlich so wichtig, dass er ihn in seiner Eucharistieenzyklika von 2003 wörtlich wiederholt hat (Ecclesia de eucharistia, 46).

Ich habe das Zutrauen, dass unsere Priester genügend pastorales und geistliches Feingespür besitzen, um in Übereinstimmung mit ihrem Bischof auf der vom Papst vorgegebenen Linie Lösungen zu finden, welche der jeweiligen persönlichen Situation und der Vielfalt des Lebens gerecht werden."

Die Kirche unterscheidet also zwischen dem, was allgemein gelten kann zwischen den Kirchen, und erklärt, warum es eine generelle und allgemeine öffentliche Einladung zur katholischen Eucharistie für evangelische Christen nicht geben kann. Gleichzeitig eröffnet sie aber einen guten Weg für Einzelne, für die die Trennung der Kirchen besonders schmerzlich ist und z.B. wie ein Riss durch die Familie geht.

Die Ökumene ist eine der großen Aufgaben der ganzen Christenheit in unserer Zeit. Sie ist im Letzten immer ein Geschenk des Heiligen Geistes. Aber wir können viel dafür tun, dem Herrn den Weg zu bereiten.

Mit Muslimen im Gespräch

Erfahrungen in einem interreligiösen Dialogkreis

Pfarrer Dr. Jürgen Wätjer

Seit eineinhalb Jahren bin ich Pfarrer der St.-Bonifatius-Gemeinde in Hamburg-Wilhelmsburg. Die Gemeinde hat circa 7000 Seelen, „Mitglieder", wie man auch sagt. Zuvor war ich acht Jahre in der Hansestadt Wismar in Mecklenburg tätig. Ich stamme aus Rendsburg, habe also mit allen drei Bistumsregionen etwas zu tun.

Wenn man anderswo von Wilhelmsburg spricht, dann folgen oft naserümpfende Reaktionen: „Das ist ja nicht ganz so toll", „Ihr habt viele Verbrechen" oder: „Da wohnen schlimme Banditen." Ich muss sagen: Das ist nicht so. Natürlich gibt es auch hier wie überall Schattenseiten, aber nicht so in dem Maße, wie man sich das vielleicht als Außenstehender vorstellt.

Beim Thema „Islam" oder „Mulime" behandle ich verständlicherweise nicht alle Probleme, die wir dabei im Kopf haben. Also die Fragen: Wie können die Integrationsprobleme gelöst werden? Soll die Türkei in die EU kommen? Wie sieht es mit dem Kopftuchverbot in öffentlichen Gebäuden aus? Wie viel Toleranz sollen und dürfen wir von den Muslimen im Karikaturenstreit erwarten? Mittlerweile ist ja noch ein anderes Problem, nämlich das der Religionsfreiheit, dazugekommen: der junge Mann, dem in Afghanistan die Todesstrafe drohte.

Vielmehr möchte ich etwas darüber sagen, wie wir in Hamburg-Wilhelmsburg den interreligiösen Dialog leben. Dort habe ich einen sogenannten „Dialogkreis" von meinem Vorgänger vorgefunden. Darin bin ich dann eingestiegen und habe in ihm einen Teil meiner Aufgaben in Gemeinde und Stadtteil gefunden.

Im Folgenden werde ich Ihnen in drei Schritten das Thema nahebringen: Zunächst gebe ich Ihnen einen kleinen Einblick – aber nur ganz kurz – in den Islam unter dem Stichwort: Beten Christen und Muslime denselben Gott an? Im zweiten Schritt möchte ich erzählen, wie wir diesen interreligiösen Dialog in Wilhelmsburg leben, wie er praktisch aussieht. Und dann möchte ich Ihnen ein Blatt vorstellen mit einigen Hinweisen, wie man konkret mit Muslimen ins Gespräch kommt. Das habe ich vor einigen Wochen in die Hand bekommen, und da steht sehr viel drin.

Beten Christen und Muslime den gleichen Gott an?

Ich komme zum ersten Schritt: Mit welcher Religion haben wir es zu tun? Manches nehmen wir ja auf; unser Bild vom Islam ist ganz stark durch die Medien geprägt, durch das, was wir im Fernsehen sehen, im Radio hören, in den Zeitungen und Zeitschriften lesen. Etwas ganz Wichtiges ist, dass der Islam eine Religion des Monotheismus ist; das ist ein sehr strenger Monotheismus. Er ist nicht ausdifferenziert.

Muslime glauben also an einen Gott. Wir dagegen können nach den Aussagen der Heiligen Schrift und der Tradition unserer Kirche sagen, dass wir einen differenzierten, einen gegliederten Monotheismus – also den Glauben an einen Gott – haben, nämlich einen Gott, der sich uns in drei Personen zeigt. Das gibt es so im Islam nicht.

Für uns Christen ist die göttliche Dreifaltigkeit und der Monotheismus kein Widerspruch in sich. Da besteht folglich ein Missverständnis, auch im Islam. Und wenn Muslime dann auch noch unsere Marienverehrung erleben, kommt manchmal sogar die Frage: Habt ihr da noch eine Göttin mit im Spiel? Das müssen wir so wahrnehmen, dass da auch viele Fragen sind an unseren Ein-Gottes-Glauben, der sich eben zeigt in diesem Glauben an die Dreifaltigkeit.

Jesus Christus ist für uns grundlegend; im Islam ist er ein begnadeter Mensch und ein Prophet. Der Koran spricht sehr viel und sehr häufig über Jesus Christus. Für uns ist er natürlich der menschgewordene Gottessohn, der Heiland.

Das Wort Islam heißt übersetzt „Ergebung". Der Islam hat im Blick die absolute Souveranität, die absolute Unabhängigkeit Gottes und seinen absoluten Willen. Nichts kommt an ihn heran. Und der

Islam verkörpert oder lehrt die unbedingte Ergebung in Gottes Willen. Gott kann man nur gerecht werden durch Werke. Und da gibt es fünf Grundpflichten – fünf Pfeiler werden sie auch genannt – im Islam: nämlich das Glaubensbekenntnis – Gott ist der Eine –, dann die Almosengabe, zu der der Gläubige verpflichtet ist, dann das Ritualgebet, das gläubige Muslime fünfmal am Tag verrichten, auch mitten im Alltag – da können sie alles stehen und liegen lassen. Dann gehört das Fasten im Fastenmonat Ramadan dazu und als fünfte Grundpflicht eine Wallfahrt nach Mekka, die man möglichst einmal im Leben gemacht haben soll. Wir haben die Bilder vor Augen, wenn Millionen von Menschen in Mekka versammelt sind.

Das Christentum stellt nicht so sehr die Werke in den Mittelpunkt, sondern die Menschwerdung Gottes und die Liebe Gottes zu uns Menschen; natürlich gehört auch dazu, dass wir diese Liebe leben, dass sie greifbar wird auch in Werken der Nächstenliebe. Aber zu Gott dürfen wir „Vater" sagen, das ist also ein ganz inniges Verhältnis, das uns sein Sohn Jesus Christus gelehrt hat.

Der Koran ist die wichtigste Glaubensurkunde der Offenbarung Gottes im Islam und – soweit ich das verstanden habe – auch wortwörtlich so dem Mohammed diktiert worden. Während unsere Heilige Schrift – wenn man es in eine Kurzformel bringt – Gottes Wort in Menschenwort ist. Und jeder, der sich mit den Evangelien im Vergleich beschäftigt hat, entdeckt sogar Widersprüche oder Aussagen, die sich überschneiden oder undeutlich sind. Da sagen wir aber: Das muss ja auch gar nicht so perfekt sein, weil Menschen ihre Glaubenserfahrung – inspiriert, erfüllt durch den Heiligen Geist – aufgeschrieben haben; sie haben es nicht wortwörtlich von Gott diktiert bekommen, wie es im Islam Glaube ist.

Ich verweise auf das Zweite Vatikanische Konzil und seine Konstitution „Lumen Gentium". Da heißt es in der Passage „Die große Übereinstimmung in der muslimischen und christlichen Gotteslehre" (Nummer 16): „Der Heilswille umfasst auch die, welche den Schöpfer anerkennen, unter ihnen besonders die Muslime, die sich zum Glauben Abrahams bekennen und mit uns den Einen Gott anbeten, den Barmherzigen, der die Menschen am Jüngsten Tag richten wird." Und das Pastoralgespräch „Salz im Norden" erwähnt an einer Stelle unter verschiedenen Punkten die Aufgabe, mit den Muslimen nachbarschaftlich im Gespräch zu bleiben. Das ist also nichts

Abgehobenes, und das größte Vorbild ist Papst Johannes Paul II. gewesen. Und auch unser jetziger Papst hat bei seinem Besuch in Köln Vertreter des Islam empfangen.

Die weltweite Situation sieht so aus: Es gibt etwa 1,2 Milliarden Muslime, ca. 2 Milliarden Katholiken. Neunzig Prozent des Islam sind Mitglieder der Sunniten. Diese verstehen sich als islamische Orthodoxie, also als die Rechtgläubigen. Zehn Prozent gehören der Schiitischen Glaubensrichtung an. Sie sehen in Ali, dem Schwiegersohn des Mohammed, den wahren Nachfolger der Propheten, und damit stehen Sunniten und Schiiten in Konkurrenz zueinander. Da steckt auch manchmal eine Menge politischer und religiöser Brisanz dahinter, dass diese zwei sehr ungleich großen Gruppierungen auch unterschiedliche Traditionen haben.

Soweit dieser kleine Einblick. Manches ist Ihnen sicher bekannt gewesen.

Der interreligiöse Dialog in Hamburg-Wilhelmsburg

Ich möchte nun darlegen, was ich in Wilhelmsburg vorgefunden habe, als ich im August 2004 die Stelle angetreten habe. Dort bin ich sehr schnell in einen Kreis hineingekommen, den sogenannten „Dialogkreis". Und das Ganze hat eine Vorgeschichte.

Ihnen ist vielleicht in Erinnerung, dass es vor sechs Jahren einen sehr tragischen Zwischenfall gegeben hat, der durch die bundesdeutsche Medienlandschaft gegangen ist, dass nämlich ein türkischer Junge mit Namen Volkan durch einen Kampfhund zu Tode gebissen worden ist. Das ist in Wilhelmsburg passiert. Mir hat der zuständige bürgernahe Polizeibeamte erzählt, dass der Täter oder der Hundehalter ein Türke gewesen sei. Wenn es ein Deutscher gewesen wäre, hätte es bürgerkriegsähnliche Zustände in Wilhelmsburg gegeben – nach seiner Einschätzung –, weil die Lage zwischen der Familie des Jungen und der des Täters emotional hochgekocht wäre. Nun waren es beides muslimisch geprägte Familien, sodass die Situation doch ziemlich begrenzt werden konnte. Aber es hat damals eine große Aufregung gegeben, und eine evangelische Pastorin ist mit einem Imam – mit einem muslimischen Geistlichen

– in die Schule gegangen, die der Junge besucht hatte. Beide führten Gespräche mit den Schülerinnen und Schülern, und sie haben auch gebetet. Zwar nicht zusammen, aber getrennt, in einem großen Saal. Sie haben damit sozusagen auch diesen Dialogkreis begründet. Christen und Muslime wollten sich mehrmals treffen, nicht nur, wenn so eine Katastrophe passiert.

So ist dieser Dialogkreis vor etwa sechs Jahren ins Leben gerufen worden. Wir treffen uns fünfmal jährlich, jeweils an einem Vormittag, und die Orte wechseln immer wieder. Wenn ich „dran" bin, in der Regel einmal im Jahr, lade ich die Teilnehmer zu uns ins Wilhelmsburger Krankenhaus Groß-Sand ein, weil wir da die besten Voraussetzungen haben, uns zu treffen. Mitglieder sind sieben christliche Geistliche. Die evangelischen Schwestern und Brüder, Pastorinnen und Pastoren, sind natürlich in der Mehrheit; ich bin der einzige katholische Geistliche. Dazu gibt es vier Imame und einige Moscheevorstände.

Die Moscheegemeinden in Wilhelmsburg – auch ganz unterschiedlicher Ausrichtung – sind organisiert in Vorständen. Sie müssen so eine Art Körperschaft darstellen, um auch nach außen hin tätig zu werden. Dazu haben sie Vereinsvorstände gegründet, die auch rechtswirksam nach außen handeln können. Es sind engagierte Gemeindemitglieder, die teilweise besser Deutsch können als die Imame, die fast gar kein Deutsch sprechen. Und die haben wir auch miteinbezogen, weil sie auch schon Jahre lang in Deutschland wohnen. Die Imame wechseln fast immer nach einigen Jahren. Sie sind – das ist auch ein Problem, das wir wahrnehmen auf christlicher Seite – sehr wenig drin in der Basis ihrer Gemeinden.

Der Ablauf, wenn wir uns treffen, sieht so aus, dass wir mit einem Gebet oder mit einem Lied beginnen; in der Regel ist es nicht christologisch, wenn wir Christen dran sind, sondern wir richten das Gebet auf Gott aus. Oder ich habe dann auch selber schon mal einen Psalm ausgewählt. Dann gibt es ein gemeinsames Frühstück. Worauf man natürlich auch achten muss, wenn man Muslime einlädt, dass man bestimmte Fleischsorten nicht anbietet oder dass genügend andere Speisen da sind. Dann behandeln wir ein Schwerpunktthema, und darauf sprechen wir noch Sonstiges ab. So geht dann ein Vormittag ganz schnell herum.

Was haben wir für Themen? Als ich kam, war das Thema „Gebet" dran, dass wir uns gegenseitig in zwei Treffen erzählt haben: Wie beten wir? Und ich habe da gemerkt, wenn ich übers Rosenkranzgebet spreche, dass wir von unseren Gebetsformen her und in der Art und Weise, wie wir Katholiken beten, den Muslimen näher sind als die evangelischen Schwestern und Brüder. Das Wiederholende, das Meditative verbindet uns mit den Muslimen. Dort gibt es auch die Perlenkette; das war dann auch gleich, als ich den Rosenkranz hochzeigte, ein Wiedererkennungseffekt.

Oder da ist die Frage nach dem Fasten. Natürlich wird es bei uns nicht so streng gehandhabt wie im Islam. Aber es ist bei uns immerhin ein Thema, und es zieht ja auch Kreise in die Gesellschaft hinein.

Vor Kurzem haben wir uns als Thema gewählt: Was ist uns heilig? Gerade auf Grund des Karikaturenstreits wollten wir über diese Frage miteinander in einen Austausch kommen.

Dann hat mein Vorgänger sich einmal mit einem Imam fotografieren lassen für ein Müllprojekt. Da gab's dann große Plakate, er in einer Mantelalbe und der Imam mit seinem Turban, um auch eine Wirksamkeit in den Stadtteil hineinzubringen.

Ein aktuelles Thema ist bei uns in Wilhelmsburg auch, ob es für die Muslime ein eigenes Gräberfeld geben soll. In Hamburg-Bergedorf gibt es bereits ein eigenes Gräberfeld mit einem Waschhaus. Es gibt bestimmte Riten, wenn ein Verstorbener hergerichtet wird für seine Beisetzung. Er muss gewaschen werden, und da ist so die Frage – und auch die politische Diskussion: Wollen wir so etwas auf unserem Friedhof, unserem Stadtteilfriedhof, der kommunal ist, auch ermöglichen? Politiker einer christlichen Partei führen die Diskussion in der Richtung, dass sie sagen, dadurch würden wir mehr Muslime anlocken, wenn sie ein eigenes Gräberfeld bekommen. Das sehen wir Pastoren so nicht, denn in andere Stadtteile ziehen Leute nicht, weil sie dort beerdigt werden können. Wir halten es sogar für einen wichtigen Punkt der Integration, wenn Menschen Jahre, Jahrzehnte hier wohnen und sagen: Wir lassen uns nicht in die Türkei überführen, sondern wir lassen uns hier bestatten, wo wir auch gelebt haben. Das ist auch durchaus ein Zeichen der Verwurzelung. Da sind wir mittendrin in dieser Diskussion und ermutigen auch die Muslime, etwa in den Ortsbeirat zu gehen – das ist unser kleines „Parlament“ auf der Insel –, um dort auch ihre Meinung politisch zu äußern.

Dann hat eine junge Künstlerin ein Tanzprojekt versucht zwischen christlichen und muslimischen Schülerinnen. Das ist nicht so ganz zustandegekommen; es gelang ansatzweise, dass sie sich getrennt treffen und dann auch zusammenkommen und gemeinsam aufführen. Dass Muslime wichtige Themen ihrer Religion in einem Tanz darstellen – das war so ein Projekt, das wir von unserem Kreis aus begleitet haben.

Seit einigen Jahren gibt es am 3. Oktober, dem Tag der Deutschen Einheit, einen „Tag der offenen Moschee“. In Wilhelmsburg bieten das einige Moscheen an. Da werden die Mitbürger – vor allem die Deutschen – eingeladen, in eine Moschee zu kommen und sich dort umzuschauen. Und sie werden geführt. Das ist also ein „Tag der offenen Tür“. Die Veranstaltungen werden gut angenommen. Ich habe auch schon eine Landfrauengruppe aus meinem Heimatdorf in der Nähe von Rendsburg in Wilhelmsburg in eine Moschee gebracht. Solche Begegnungen sind immer möglich.

Ende September ist der Weltfriedenstag. Da laden wir uns gegenseitig ein, in die Moschee oder auch in die Kirche zu kommen. Beides und nacheinander. Wir waren im vergangenen September zunächst zu einem Friedensgebet in einer Moschee eingeladen. Dort waren wir Christen zu Gast. Der Imam hat dort mit einigen Vorbetern in ihrer Sprache – in Arabisch – gebetet, gesungen, natürlich auch etwas in Deutsch übersetzt. Anschließend sind wir dann gemeinsam in die evangelische Kirche gezogen. Dort hat die Pastorin mit einigen Gemeindemitgliedern ein christliches Friedensgebet gehalten. Und hier waren die Muslime zu Gast.

Wir sind nicht so weit, dass wir uns gemeinsam vor den Altar stellen – wie es der Heilige Vater in Assisi gemacht hat, auch noch mit Vertretern anderer Weltreligionen – und dass wir sozusagen ein Gebet gemeinsam sprechen. Wir merken auch, dass Widerstände kommen, also das, was wir Pastorinnen und Pastoren tun, ist auch nicht ohne Kritik, ohne Misstrauen. Nicht so sehr auf katholischer Seite, sondern vor allem bei den evangelischen Mitchristen, bei den Kirchenvorständen, die manchmal die Frage haben: Trefft ihr euch da mit Islamisten? Oder: Werden wir als Christen nicht über den Tisch gezogen? Das sind Fragen, die immer wieder kommen.

Ein eindrückliches Erlebnis war für mich, dass ich zum Fastenbrechen eingeladen worden bin, mitten im Fastenmonat Ramadan – der wird ja sehr streng gehalten bei den gläubigen Muslimen – und es gibt dann eine Tradition in ganz Hamburg und darüber hinaus, dass bedeutende Moscheegemeinden auch Gäste außerhalb ihrer Religion zu einem Abendessen einladen. Dieses Essen darf man nur beginnen, wenn die Dunkelheit anbricht. Da gibt es eine genau festgelegte Zeit, wenn man nicht unterscheiden kann, ob ein Faden weiß oder schwarz ist. So fängt das Mahl z. B. um 18.11 Uhr offiziell an. Ich wurde bei dem ersten Treffen gebeten, den Tischsegen zu sprechen, unvorbereitet. Das fand ich sehr spannend. Die Muslime haben dort erst mal ihren eigenen Segen gesungen, und dann habe ich ein Dankgebet zu Gott gesprochen. Und alle haben dann in das „Amen" miteingestimmt. Dieses Wort gibt es dort also auch in ähnlicher Bedeutung wie bei uns.

Bei uns Christen habe ich die Frage gestellt: Gibt es eine Gegeneinladung? Laden wir die Muslime in Wilhelmsburg auch zu uns in die Kirche ein? Oder in die Kirchengemeinderäume, etwa zu Ostern oder zu Weihnachten? Da haben wir noch nichts Entsprechendes gefunden.

Dies sind die wichtigsten Veranstaltungen und Berührungspunkte, die wir gegenwärtig haben. Es gelingt uns noch nicht, unsere Gemeindemitglieder auf christlicher Seite in größerer Zahl zu diesen Veranstaltungen einzuladen. Etwa zu diesem Weltfriedensgebet, an dem wir in die Moschee eingeladen sind und anschließend in eine christliche Kirche – oder auch umgekehrt: erst in die Kirche, dann in die Moschee. Dorthin kommt immer nur ein ganz kleiner Teil. Wir Katholiken sind dann etwas stärker vertreten als die evangelischen Christen. Ein ähnliches Problem erleben wir teilweise auch in der Ökumene: dass sie leicht eine Frage der Profis wird. Wir müssen darauf achten, dass nicht nur wir Funktionäre, Priester oder Pastoren, uns treffen, sondern dass auch die Gemeindemitglieder sich begegnen und kennenlernen.

Ich erlebe dann durchaus überraschende Reaktionen, etwa von einer alten Dame aus unserer Gemeinde, die ich jetzt vor Augen habe, die zum ersten Mal in einer Moschee war, die sich auch die Schuhe auszog – mit einigen Widerständen – und der dann ein Stuhl angeboten wurde. Später erzählte sie: „Also, so habe ich mir das überhaupt nicht vorgestellt“, und: „Das war ja richtig schön, und ich habe mich da wohlgefühlt.“ Und dann sagte ich: „Erzählen Sie das ruhig weiter!“ Das ist die beste Werbung, einfach Vorbehalte abzulegen. Und auch unsere Ordensschwestern – wir haben zwei Katharinenschwestern, die in der Krankenhausseelsorge tätig sind – kommen unbefangen in eine Moschee herein. Frauen dürfen dort unter den Männern sitzen; das ist bei denen, wo wir eingeladen sind, nicht so streng.

Von außen kommt manchmal der Vorwurf: „Ihr führt zu sehr einen Kuscheldialog, Ihr sprecht nur über die Themen, bei denen ihr euch vertragt, wo es nicht kontrovers wird.“ Das ist nicht immer so. Das können wir sagen, aber wir merken daran, wie wichtig es ist, dass wir uns als Dialogkreis auch immer wieder nach außen hin darstellen. Dass wir immer wieder auch darüber berichten in den Gemeinden. Oder dass auch hin und wieder etwas in die Presse kommt, auch was die Themen angeht.

Gerade jetzt bei diesem Thema mit dem Gräberfeld wurde auch ein Kommunalpolitiker eingeladen oder auch eine Mitarbeiterin des Bezirksamtes Harburg, die dann auch wahrnehmen, wie wir miteinander reden. Dass wir da nicht unter uns bleiben und uns trauen, die kontroversen Themen anzugehen. Wir hatten auch an einem Treffen die Frage gestellt: „Menschenrechte, Gleichberechtigung: Wie steht der Islam zur Homosexualität?“ Da gibt es ein Grundsatzpapier, das eine Vereinigung der Moscheevereine in Hamburg verfasst hat, das wir dann auch zur Grundlage unseres Gespräches genommen haben.

Erwähnt habe ich schon den Verdacht, der aus einigen bestimmten Ecken kommt, dass wir Pastoren gemeinsame Sache mit Islamisten machen, also mit Radikalen. Vor einer evangelischen Kirche in Wilhelmsburg ist geplant gewesen, einen sogenannten „Verständigungsbrunnen“ zu errichten, Hände, die eine Weltkugel tragen. Und da ist leider aus einer christlichen Ecke – nicht aus einer Kirchengemeinde, sondern von engagierten Christen, die für eine Einrichtung tätig sind – dieser Vorwurf gekommen. Das wurde dann auch teilweise in Publikationen in Stadtteilzeitungen und so weiter ausgetragen, sodass dieses Projekt mit dem Verständigungsbrunnen erst mal gestoppt ist, weil auch die Politik in Harburg merkte: Da müssen wir vorsichtig sein, da wollen wir kein Öl ins Feuer gießen, sodass wir da erstmal nicht vorankommen. Vielleicht muss dieses Thema nochmal später aufgenommen werden.

Ein Problem – das merken wir immer wieder – sind die mangelnden Deutschkenntnisse unserer Gesprächspartner. Das haben wir jetzt so gelöst, dass wir eine Dolmetscherin eingeladen haben, die das sehr gut macht. Die schart dann auch die Imame um sich, wenn wir am großen Tisch sitzen. Diese junge Deutsche macht es sehr kompetent und nett. Die Kosten dafür teilen wir uns: die Hälfte die muslimischen Gäste und die andere Hälfte immer die christliche Gemeinde, in der wir dann zu Gast sind.

Positiv ist in den sechs Jahren, in denen dieser Kreis besteht, zu beobachten – und auch in den anderthalb Jahren, in denen ich dabei bin –, dass ein Vertrauen gewachsen ist, ein Grundvertrauen. Das mache ich daran fest, dass wir bei dem heißen Thema „Karikaturenstreit" gemeinsam der Ansicht waren, hier in Wilhelmsburg müssen wir dazu keine eigenen Erklärungen herausgeben. Denn es ist überall dazu etwas gesagt worden – sowohl ins Stammbuch der Christen geschrieben als auch ins Stammbuch der Muslime. Und da haben wir gesagt, das müssen wir nicht noch verschärfen oder unterstreichen, sondern: Das ist so, das unterstützen wir mit, jeder in seinem Bereich, und wir heben uns wirklich unsere Stellungnahmen auf, wenn etwas bei uns passiert. Wir möchten nicht gleich unser Pulver verschießen, sondern vielleicht auch gemeinsam in die Öffentlichkeit gehen, wenn es wirklich wieder dran ist. Wir haben eine gute Ebene gefunden.

Wir merken, wir müssen und brauchen nicht alle Weltprobleme zu lösen. Wenn wir das wollten, dann kommen wir überhaupt nie zusammen, sondern unsere Ebene ist die Nachbarschaft. Das, was auch im Pastoralgespräch „Salz im Norden" angesprochen ist, das ist wirklich auch nach meiner Erfahrung das Gute: dass wir gucken: Welche Fragen bewegen uns in Wilhelmsburg? Etwa die Frage mit dem Müll. Obwohl das etwas banal klingt, aber das erleben wir tagtäglich, unsere Gemeindemitglieder auf beiden Seiten, die Mitbürger. Natürlich hat das zunächst nichts mit der hohen Religion zu tun, aber letztendlich doch. Wie bringen wir uns ein? Als Christen: Gucken wir nur auf unsere Gemeinde oder sind wir bereit, auch im Stadtteil etwas hineinzugeben? Das Thema „Bewahrung der Schöpfung" wäre das ja. Oder auch die Frage mit dem Gräberfeld. Das ist durchaus auch eine nachbarschaftliche Frage: Wo lässt sich mein Nachbar im Mietshaus einmal beerdigen? Wird er in die Türkei überführt oder will der sich mal hier in Wilhelmsburg im Friedhof Finkenried beisetzen lassen?

Natürlich schwingen diese weltpolitischen Fragen immer mit. Oder auch die Konfliktfragen in der Religion. Aber da müssen wir wirklich von vornherein sagen: Das müssen wir begrenzen. Das kann durchaus der Hintergrund sein, etwa die Frage nach dem „Was ist uns heilig?", was den Karikaturenstreit ausgelöst hat. Aber wir müssen nicht allem hinterhergehen, was in anderen Staaten passiert. Wir schauen vielmehr auf das, was vor Ort ist, bei uns im Stadtteil. Und das ist, glaube ich, eine gute Ebene, auf der wir weitergehen können

Hinweise zum Gespräch mit Muslimen

Im dritten Teil möchte ich Ihnen zehn Thesen vorstellen, wie der Dialog mit muslimischen Gläubigen praktisch geführt werden kann. Auf welche Dinge muss ich achten? Wie kann das gehen, wenn ich mit Muslimen zusammenkomme? In der Nachbarschaft oder in einem offiziellen Gesprächskreis. Es gibt ja auch andere Großstädte, andere Gemeinden, die das durchaus auch im breiteren Rahmen praktizieren als wir in Wilhelmsburg.

Der Text trägt die Überschrift: „Zehn Anweisungen für die Evangelisation unter Muslimen". Das klingt ein bisschen nach „Zeugen Jehovahs". Nach meinem diskreten katholischen Empfinden deute ich die Überschrift so um: „Zehn Hinweise, wie wir das Evangelium unter Muslimen zur Sprache bringen können". Ich verstehe mich in unserem Gesprächskreis nicht so, dass ich da jetzt mit der Bibel in der Hand hineingehe und sage: „Ihr müsst mir jetzt zuhören, was ich euch sage!" Das ist nicht der Weg.

Der Verfasser dieser zehn Thesen war Professor an der bedeutendsten islamischen Universität in Kairo. Er war zudem auch Imam und ist zum Christentum konvertiert. Er hat wirklich in Kairo seine Familie gegen sich gehabt, wurde verfolgt und hat sich abgesetzt und versteckt und hat seine Erfahrungen in einem Buch niedergeschrieben. Es zeigt – natürlich aus seiner Sicht – sehr stark die Gewalt, die negative Seite des Islam auf. Der Untertitel heißt: „Was der Koran wirklich über Christentum, Gewalt und die Ziele des Djihad – über den heiligen Krieg – lehrt". Und das ist natürlich sehr stark gefärbt durch seine persönlichen Eindrücke, mit denen man sich durchaus auseinandersetzen muss. Ich glaube schon, dass das alles stimmt. Aber umso positiver finde ich seine Hinweise, die wir hier vor uns haben:

1. Benutzen Sie das Wort Gottes, wenn Sie mit Muslimen zusammenkommen! Denn die Muslime respektieren die heiligen Bücher: das Gesetz des Mose, die Psalmen, die Evangelien und den Koran. Lassen Sie das Wort Gottes für sich selbst sprechen. Die Evangelien sind die besten Ausgangspunkte, besonders Matthäus und Lukas. Lukas ist uns durch die Kindheitsgeschichte Jesu bekannt.

2. Beten Sie beständig! Es ist der Heilige Geist, der Menschen für Christus gewinnt. Suchen Sie seine Weisung und Kraft, wenn Sie das Wort weitergeben!

3. Seien Sie den Muslimen ein echter Freund oder eine echte Freundin! Das bedeutet: „Hallo, wie geht es dir?", so, wie wir das häufig in unseren Breiten sagen, das reicht nicht, wenn wir mit Muslimen eine Freundschaft beginnen. Wenn Ihre muslimischen Gegenüber Ihnen wichtig sind, zeigen Sie es, indem Sie sie zu sich nach Hause einladen, mit ihnen Zeit verbringen und ihnen bei ihren Problemen helfen. Dass man das Leben auch miteinander teilt. Und das erlebe ich auch durchaus, wenn Gemeindemitglieder erzählen, dass sie im Treppenaufgang Kontakte zu dem ein oder anderen türkischen Mitbewohner oder zu einer Mitbewohnerin haben. Das sollte gepflegt werden. Natürlich gibt es da auch Grenzen, etwa bei Frauen, aber das muss man dann auch respektieren. Wichtig ist, dass man immer wieder die Hand ausstreckt zum Besuch.

4. Stellen Sie Fragen, die zum Nachdenken anregen! Helfen Sie Muslimen, in Bezug auf das Evangelium ihre eigenen Schlüsse zu ziehen! Hier sind einige gute Fragen, die Sie stellen können. Zum Beispiel: Hast du die Gewissheit, dass Gott dich annehmen wird? Was lehrt der Koran über Vergebung? Darf ich dir zeigen, was

die Bibel dazu lehrt? Solche Fragen zeigen, dass Sie als Christ ein Interesse an den wichtigen Dingen des Lebens haben.

5. Hören Sie aufmerksam zu! Hier geht es um Höflichkeit: Dass Sie der Antwort zuhören, egal, wie lange sie dauert. Denn es sind ja auch Mentalitätsunterschiede, denen wir da begegnen. Und Sie werden überrascht sein, wie viel Sie dabei lernen können, und das ist auch wirklich so.

6. Reden Sie offen über Ihren Glauben! Das müssen wir Christen, glaube ich, auch erst mal wieder lernen, dass wir selber auch Rechenschaft geben über unseren Glauben. Dass man auch durchaus mal auf einen Bibelabschnitt hinweist, das ist vielleicht für uns Katholiken auch ein bisschen ungewöhnlich. Aber da haben wir ja unsere Quelle, sozusagen.

Sprechen Sie über die Sünde und ihre Auswirkungen in unserem Leben! Der Autor kommt darauf, weil er die Erfahrung gemacht hat, dass viele Muslime das Problem haben, dass sie von Gott nicht anerkannt oder angenommen sind, wenn sie sündigen. Sagen Sie: „Sünde ist das größte Problem in unserer heutigen Welt. Wie sollen wir mit der Sünde fertig werden?" Ein Mensch, der in Sünde lebt, hasst sich selbst. Er ist sich selbst ein Feind. Die meisten Muslime erkennen, dass sie in Sünde leben, aber nicht wissen, wie sie Vergebung finden können. Sagen Sie ihnen, dass Jesus Christus Sünden vergibt und wie wir das als Katholiken praktisch erfahren können in unserer Kirche.

7. Argumentieren Sie, ohne zu streiten! Dass man auch nicht ständig hin und her argumentiert – wie wir Deutschen das gerne tun – und immer Recht haben will, darum geht es nicht. Sondern dass man sich auf sein Gegenüber einlässt, vielleicht auch mal etwas stehen lässt, wo man sich nicht einig wird.

8. Äußern Sie slch niemals abfällig über Mohammed und den Koran! Genauso wenig wollen wir, dass Muslime sich negativ über Christus, über die Kirche, über den Papst äußern. Da sollten wir ähnlich reagieren.

9. Respektieren Sie die Sitten, die Empfindlichkeiten der Muslime! Erregen Sie keinen Anstoß, indem Sie Ihre Bibel (oder ein anderes heiliges Buch) auf den Fußboden legen! Das habe ich durchaus in einer Kirche erlebt: Eine Pastorin konnte die Bibel nicht ablegen. Sie hat sie dann einfach so auf den Fußboden gelegt, weil kein Tisch in der Nähe war. Aber wenn man darüber nachdenkt: Was bedeutet das eigentlich, das Wort Gottes, das wir in diesem Buch verehren? Wir Priester küssen zum Beispiel das Evangelienbuch, wenn wir das Evangelium verkündet haben. Wenn wir das auch den Muslimen erklären, sehen sie da durchaus eine Hochschätzung dieses Buches.

Punkt 9 enthält auch noch den Hinweis, dass man zum anderen Geschlecht keine zu geringe Distanz hat, dass man keine Witze macht über religiöse Themen wie Fasten, Gebet oder Gott, kein Schweinefleisch anbietet oder Alkohol. Da muss man sich erst einmal drüber klar sein, dass es so ist. Und ich denke, wenn wir zu Gast in anderen Ländern sind, versuchen wir ja auch, ein Stück weit deren Tradition anzunehmen. Und ich erlebe auch, dass Muslime durchaus schauen, wie sie sich bei uns verhalten.

Bei diesem folgenden letzten Hinweis in Punkt 9, da müssen unsere Frauen schauen, ob sie sich dem unterwerfen wollen: Frauen sind für praktizierende Muslime eher zu akzeptieren, wenn sie statt langen oder kurzen Hosen ein langes Kleid tragen.

10. Bleiben Sie beharrlich! Muslime müssen eine Menge Dinge neu durchdenken. Es braucht auch eine Zeit, bis unsere Gedanken, unsere Gedankenwelt, in ihnen aufgenommen ist. Dass wir aber darauf vertrauen, dass Gottes Wort auch in ihnen wirkt. Sie sind ja auch Gott verbunden. „Vor allem, seien Sie demütig", sagt dieser Professor uns Christen, und: „Reden Sie liebevoll. Das wird Ihnen die Tür öffnen. Mein Ruf und mein Gebet zum Herrn Jesus Christus ist es, dass er Millionen Muslime in sein Reich ziehen möge."

Der Professor betet auch ganz konkret, dass die Muslime bekehrt werden mögen. Das ist nicht unbedingt mein persönlicher Ansatz. Ich möchte den Muslimen aber ein Stück weit nahekommen, ihnen etwas über meinen Glauben erzählen und sie bitten, dass sie mich auch respektieren. Und ich glaube, wenn Muslime mich oder uns Christen als betende Menschen erleben, dann liegt auch die Schwelle höher, uns gegenseitig Gewalt anzutun oder dass uns Gewalt angetan wird.

Ich bin immer wieder überrascht, mit welcher tiefen Religiosität Muslime ihren Glauben im Alltag leben. Das fängt bei Kindern an, die am Freitagsgebet teilnehmen. Auch wir sollten den Mut aufbringen, unsere Frömmigkeit im Alltag zu zeigen.

Der Christ und der Sonntag

Anlass zum Konflikt oder Chance zum gelebten Christentum?

Eva-Maria Schmitz

Hier haben wir es mit einem Thema zu tun, bei dem es schwerfällt, unvoreingenommen darüber nachzudenken. Denn alle wissen, was gefordert ist und worauf es hinausläuft – der Sonntagsgottesdienst. Dort gilt es präsent zu sein und der Sonntag ist gerettet. „Der Sabbat ist für den Menschen da, nicht der Mensch für den Sabbat" (Mk 2,27), heißt es im Markusevangelium. Das gilt auch für den Sonntag. Wie kann also der Sonntag so gestaltet werden, dass er den Menschen nützt und für die Menschen da ist?

Es ist heute keine Selbstverständlichkeit mehr, dass die ganze Familie, vielleicht noch in Sonntagskleidern, zum Gottesdienst erscheint. Diese einst vertraute Sonntagskultur gibt es nicht mehr. Dennoch ist nicht alles, was Menschen einst wertvoll war, überholt. Der Sonntag bietet nach wie vor die Chance zum gelebten Christentum, aber vieles ist nicht mehr so selbstverständlich wie einst.

Es gibt verschiedene Konfliktfelder, die sich bei der Betrachtung des Sonntags auftun. Ich werde zunächst die Konflikte darstellen, um dann auf die Chancen einzugehen. Denn nur, wenn wir wahrnehmen, was ist, können wir die Chancen einschätzen.

Konfliktfelder

1. Sonntag als freier Tag

Verkaufsoffene Sonntage sind populär. Jeder Anlass wird genutzt, um auch am Sonntag die Kunden zum Kauf zu animieren. Das ist zunächst nichts Schlimmes. Während die anderen einkaufen, kann ich ja den Sonntag Freizeit haben. Aber wie sieht es für die Angestellten aus, die sonntags arbeiten müssen, zum Beispiel für die Verkäufer? Nicht nur für Christen hat die Einkaufsmöglichkeit am Sonntag fatale Folgen. Deswegen warnen auch die Gewerkschaften vor verkaufsoffenen Sonntagen. Denn nicht allein für die Beschäftigten hat das Nachteile, auch für Familie und Freunde bleibt dann weniger Zeit.

Auch andere als die Kirchen denken also darüber nach, dass ein gemeinsam verbrachter Ruhetag von Vorteil ist. Es geht nicht einfach um Freizeit, sondern um die Gleichzeitigkeit von Freizeit, damit soziale Beziehungen gepflegt werden können. Gemeinsam verbrachte Freizeit ist ein wichtiges Gut.

Für uns Christen ist der Sonntag mehr als nur ein freier Tag, er ist ein Feiertag. Unerlässliche Voraussetzung für einen Feiertag ist aber Freizeit, die Unterbrechung des Alltags durch einen Tag ohne Arbeit. Das ist heute nicht mehr selbstverständlich. Die Diskussion um die Ladenöffnungszeiten ist nur die Spitze des Eisberges.

Unser Leben wird immer mehr vom wirtschaftlichen Denken bestimmt: Zeit ist Geld! Ein Wochenrhythmus von Arbeit und Freizeit stört da nur. Maschinen, Fertigungsprozesse, Kommunikationssysteme und anderes müssen rund um die Uhr laufen und zur Verfügung stehen. Es gab und gibt immer mehr Menschen, die am Sonntag arbeiten müssen. Ruhe, Nichtstun und Muße bringen kein Geld ein. Der Sonntag, um dessen Erhalt die Kirchen und die Gewerkschaften kämpfen, bietet Schutz vor der totalen Vermarktung des Lebens.

2. Wochenende

Lange Zeit war der Sonntag der einzige freie Tag. Inzwischen leben wir von Wochenende zu Wochenende. Das Wochenende fängt spätestens am Sonnabend an, meist schon am Freitagnachmittag, wie die Staus auf den Autobahnen zeigen.

Diese Entwicklung läuft parallel und nicht ohne Widersprüche zur totalen Ökonomisierung des Lebens. Flexibilisierung der Arbeitszeit fordert auf der anderen Seite natürlich auch flexible Freizeit. Wer es sich leisten kann, hat nicht nur einen arbeitsfreien Tag, sondern ein ganzes Wochenende. Da wird dann ausgelebt, was in der Woche nicht stattfinden kann.

Reisen, Sportveranstaltungen, Diskothekenbesuche, Freizeitparks und vieles mehr bieten Abwechslung. Das gefährdet unter Umständen die Fähigkeit zu selbst gestalteter Freizeit. Oder, um es überspitzt auszudrücken: Der Workaholic geht am Wochenende nahtlos in den Freizeitstress über. Diese Art Wochenendgestaltung bietet vieles, was zur Konkurrenzveranstaltung für den Sonntag als Feiertag werden kann.

3. *Individualisierung*

Individualisierung ist ein viel gebrauchtes Stichwort. Hier ist damit gemeint, dass der Lebenslauf des Einzelnen nicht vorgegeben ist, sondern gestaltet werden kann. Jeder kann frei wählen, welchen Beruf er ergreifen möchte, ob er heiraten möchte oder nicht, schlicht, welche Lebensform die gewünschte ist.

Die Kehrseite ist der Zwang zur Wahl. Wir sind gezwungen, eine eigene Existenz über Ausbildung und Arbeit aufzubauen. Mobilität ist dafür eine wichtige Voraussetzung. Arbeiten und Wohnen finden nur noch selten an einem Ort statt. Lange Anfahrtswege kosten Zeit und Nerven. Und wer in der Woche viel unterwegs ist, hat am Sonntag mehr Bedürfnis nach Ruhe und Zuhausesein.

Meine Biografie ist vergleichsweise harmlos. Ich bin in Bremen geboren, habe in Münster studiert, bin dann nach Hamburg gezogen und lebe jetzt in Neuendeich, einem Dorf in Schleswig-Holstein. Hier im Dorf teilt sich die Bevölkerung in Neuzugezogene, wie mich, und Alteinwohner. Letztere haben ganz andere soziale Bindungen im Dorf. Durch jeden Umzug habe ich Kontakte verloren, aber natürlich auch neue Kontakte gewonnen. Auch die Bindung an eine Gemeinde leidet durch Ortswechsel, gleichzeitig besteht die Chance, verschiedene Gemeinden kennen zu lernen. Es ist jedoch mit Anstrengung verbunden, sich immer wieder neu zu orientieren. Die Sonntagsgestaltung verändert sich allein schon durch die unterschiedlichen Zeiten der Gottesdienste.

Durch die Individualisierung und auch durch Mobilität werden einengende soziale Bindungen gelöst, das heißt, die soziale Kontrolle nimmt rapide ab. Es interessiert kaum jemanden, ob ich sonntags arbeite oder etwas anderes mache, es ist meine Entscheidung. Verbindliche, traditionelle Lebensformen haben nicht mehr die Geltung wie einst.

Notfalls wird die berufliche Laufbahn oder Karriere auch gegen Familie, Partnerschaft oder Nachbarschaftsbindungen aufgebaut. Familiäre Konflikte sind fast vorprogrammiert. Familie und Beruf sind oft nicht in Einklang zu bringen. Das Stellenangebot in einem anderen Ort drängt leicht den Partner ins berufliche Abseits. Das Kind ist in der Regel geplant. Kindheit und Kindsein werden zunehmend mit Erfolgsdruck versehen. Ein Kind muss optimal gefördert werden, das beginnt schon vor der Geburt. Und ein optimal gefördertes Kind hat sonntags ein Fußballspiel, ein Konzert oder Ähnliches.

Das heißt, das Familienleben bietet nicht mehr den privaten Schutzraum wie einst.

Früher passten die verschiedenen Lebensbereiche, wie zum Beispiel Gemeinde, Wohnort und gesellschaftliches Leben, eher in einen Rahmen. Die Frage war: Wie füge ich einzelne Menschen in die Gemeinschaft ein? Heute fallen diese Lebensbereiche oft auseinander. Die Frage ist: Wie verbinde ich als einzelner Mensch die verschiedenen Lebensbereiche?

Die Lebensbereiche sind Beispiele, sie ließen sich durchaus noch differenzieren. Der Einzelne bewegt sich zwischen diesen verschiedenen Lebensbereichen, die durchaus auch konkurrierende Wertordnungen haben. Auch hier besteht die Qual der Wahl bzw. der Zwang, sich selbst mit der Frage nach Orientierung im Leben auseinanderzusetzen. Denn traditionelle verbindliche Lebensformen, die Halt und Orientierung geben könnten, sind durch den Abbau der sozialen Bindungen nicht mehr in dem Maß wie früher vorhanden.

Die Qual der Wahl setzt sich auch im religiösen Bereich fort. Wertüberzeugungen, Sinndeutung, also der religiöse Lebensbereich, werden zu einer eigenen Religiosität zusammengefügt. Das kann einerseits zu einer sogenannten Patchworkreligion führen. Das meint, dass aus verschiedenen religiösen Inhalten und Praktiken ausgewählt wird. Oder im anderen Extrem führt es zur Schutzsuche in einer klar strukturierten Religion mit einheitlichen verbindlichen Vorgaben.

Die Extreme kommen natürlich selten in katholischen Gemeinden vor, aber tendenziell stoßen doch verschiedene Individuen aufeinander. Was heißt das für die konkrete Gemeinde? Was bedeutet es für die Gestaltung des Sonntags? Zumindest ist es eine Herausforderung zu gegenseitiger Achtsamkeit.

4. Christlicher Rahmen

Angesichts der geschilderten Konfliktfelder soll der christliche Rahmen genauer betrachtet werden. Der Sonntag als Feiertag ist auch durch innerkirchliche Veränderungen gefährdet.

Es gibt ein neues Interesse an Spiritualität, Religion und Glauben, aber das geht an den Kirchen vorbei. Glaube artikuliert sich zunehmend unkirchlich.

Es muss gespart werden. Gemeinden werden zusammengelegt. Was heißt das für die christliche Gemeinschaft – kann sie noch gelebt werden oder wird sie unüberschaubar? Wie weit dürfen die Wege sein?

Wir leben in einer Zeit des Priestermangels. Was und wie viel ist einem Priester zuzumuten?

Die Religionsstile der einzelnen Menschen fächern sich mehr auf, wie bereits dargelegt. Bezugspunkt für die Auswahl ist das eigene Ich, nicht eine übergeordnete, gar kontrollierende Instanz. Sinngebung ist Privatsache. Das birgt die Gefahr der Beliebigkeit. Auf der anderen Seite besteht die Chance, dass religiöse Inhalte wirklich angeeignet und nicht einfach unhinterfragt übernommen werden.

Damit habe ich einige Konfliktfelder benannt. Welche Chancen bestehen nun, dass der Sonntag Anlass zum gelebten Christentum werden kann?

Chancen

1. Geschichte

Ein Blick in die Geschichte kann zeigen, dass es schon immer Veränderungen gegeben hat. Schon die ersten Christen kamen wöchentlich zusammen, um Eucharistie zu feiern. Sie trafen sich am Sonntag, am ersten Tag der Woche, am Tag der Auferstehung. Im Markusevangelium heißt es: „Als der Sabbat vorüber war, kauften Maria aus Magdala, Maria, die Mutter des Joses, und Salome wohlriechende Öle, um zum Grab zu gehen und Jesus zu salben. Am ersten Tag der Woche kamen sie in aller Frühe zum Grab, als eben die Sonne aufging" (Mk 16,1.2).

Schon im 2. Jahrhundert war der Sonntag als wöchentlicher Feiertag selbstverständlich geworden. Vor Konstantin gab es aber keine Arbeitsruhe, sondern nur die Eucharistiefeier. Erst nach der konstantinischen Wende, als das Christentum staatlich anerkannt wurde, gab es eine Sonntagsruhe. Allerdings blieb Feldarbeit erlaubt, das heißt, volle Sonntagsruhe galt nur für die Stadtbevölkerung.

Im frühen Mittelalter entwickelte sich das Sonntagsgebot mit der Aufforderung zu Arbeitsruhe und Eucharistiefeier. Das blieb weithin üblich bis zur industriellen Revolution. Dann standen Maschinenlaufzeiten im Vordergrund und die Arbeitszeiten wurden angepasst. Sabbat und Sonntag verschmolzen immer mehr. Viele Inhalte des Sabbats wurden auf den Sonntag übertragen. So wurde zum Beispiel die Arbeitsruhe mehr und mehr als Nachahmung Gottes verstanden, der nach der Schöpfung ruhte.

Wenn wir heute die Zehn Gebote lesen, wird in der Regel die Sabbatheiligung mit der Sonntagsheiligung in eins gesetzt. Der Sabbat war für die frühen Juden zusammen mit der Beschneidung ein wichtiges Identitätsmerkmal. Vor allem während der Zeit des Exils galt es, die eigene Identität in der Fremde zu bewahren. Alles, was Sicherheit gab, existierte nicht mehr: der jüdische Staat, die Hauptstadt, der Tempel als religiöses Zentrum – es war die totale Katastrophe. Durch Festhalten an der Sabbatheiligung konnten die Juden ihre Identität bewahren. Wenn heute Sabbat und Sonntag inhaltlich miteinander verschmelzen, sollten wir uns auch an dieses Erbe erinnern.

Es gibt zwei Elemente, die das Wesen des Sonntags ausmachen: Ruhetag und Feier der Eucharistie. Beides gehört unmittelbar zusammen, denn um zu feiern, muss der Arbeitsalltag unterbrochen werden. Dorothee Sölle schreibt über diese Unterbrechung:

„Du sollst dich selbst unterbrechen,
zwischen Arbeit und Konsumieren
soll Stille sein und Freude,
zwischen Aufräumen und Vorbereiten
sollst du es in dir singen hören,
Gottes altes Lied von den sechs Tagen
und dem einen, der anders ist.
Zwischen Wegschaffen und Vorplanen
sollst du dich erinnern
an diesen ersten Morgen,
deinen und aller Anfang,
als die Sonne aufging
ohne Zweck
und du nicht berechnet wurdest
in der Zeit, die niemand gehört
außer dem Ewigen."

(D. Sölle, L. Schottroff, Den Himmel erden, München 1996, S.89)

Ein Ruhetag schafft Unterbrechung. Durch die Feier religiöser Inhalte, durch Erinnerung an Jesu Leben, Tod und Auferstehung wird innegehalten, der Lauf der Dinge unterbrochen. Diese Zeit ist nicht verzweckt für Produktion und Reproduktion.

Der Sonntag als Ruhetag bringt Rhythmus in die Woche. Nach der Anspannung kommt die Entspannung. Dieses Prinzip findet sich in allen Lebensvollzügen. Beim Sport ist es wichtig, nach Phasen der höchsten Anspannung wieder locker zu werden, sonst droht unweigerlich der Muskelkater. Jeder Tag wird durch Pausen unterbrochen, wie zum Beispiel die Mittagspause. Auch beim Arbeiten ist pausenlose Konzentration unmöglich. Es ist ein zutiefst menschliches Prinzip.

Der Sonntag unterbricht den Lauf der Woche. Ohne Sonntage gibt es nur Alltag.

2. Feier der Eucharistie

Zum Feiertag wird der Ruhetag erst dadurch, dass etwas gefeiert wird. Am Sonntag ist es für uns Christen die Eucharistiefeier. Die Eucharistiefeier gehört wesentlich zur Kirche dazu, ohne sie ist Kirche, ist Gemeinschaft der Gläubigen schlecht denkbar.

Aus diesem Grund haben wir das Sonntagsgebot. Aber gerade unter dem Aspekt der Gemeinschaft ist es neu zu überdenken. Wenn Einzelne nicht zur Eucharistiefeier gehen, schließen sie sich damit aus der Gemeinschaft aus. Aber was kann auf der anderen Seite die Gemeinschaft tun, damit Menschen gerne kommen und sich angenommen fühlen? Gebote sind Hilfen, keine Totschlagsargumente. Die Zehn Gebote sind die wichtigsten Gebote. Natürlich verletzen wir sie immer wieder (zumindest einige), das gehört zum Menschsein dazu. Aber ihre Beachtung hilft, das Leben als erfülltes Leben zu leben. Wichtig ist jedoch die Einsicht, das Überzeugtsein des Einzelnen. Früher standen das Auswendiglernen und Befolgen mehr im Vordergrund, was auch ohne inhaltliche Auseinandersetzung möglich war. Heute stehen Verstehen und Einsehen an erster Stelle.

3. Die Eucharistiefeier ist eingebettet in die Gemeinschaft

Den sozialen Charakter der Eucharistie betont Papst Benedikt XVI. in seiner Enzyklika „Deus caritas est": „Die Mystik des Sakraments hat sozialen Charakter. Denn in der Kommunion werde ich mit dem Herrn vereint, wie alle anderen Kommunikanten. [...] Die Vereinigung mit Christus ist zugleich die Vereinigung mit allen anderen, denen er sich schenkt. Ich kann Christus nicht für mich allein haben, ich kann ihm zugehören nur in der Gemeinschaft mit allen, die die Seinigen geworden sind oder werden sollen. [...] Wir werden ‚ein Leib', eine ineinander verschmolzene Existenz, Gottesliebe und Nächstenliebe sind nun wirklich vereint. [...] Eucharistie, die nicht praktisches Liebeshandeln wird, ist in sich selbst fragmentiert" (Enzyklika DEUS CARITAS EST, 25.12.2005, Verlautbarungen des Apostolischen Stuhls Nr. 171, Artikel 14).

Das heißt, Christ sein ist im Alleingang nicht möglich. Ich kann Gott nur zugehören in der Gemeinschaft mit allen Gläubigen oder zukünftigen Gläubigen. Die Eucharistiefeier allein ist nur Fragment. Sie muss praktisches Liebeshandeln werden.

Die Sonntagsheiligung, sprich die Eucharistiefeier, ist nicht für sich allein zu betrachten. Gottes- und Nächstenliebe sind nicht voneinander zu trennen. Damit erfährt der Individualismus eine wichtige Korrektur. Nächstenliebe, Achtung für meine Mitmenschen ist ebenso wichtig wie die Feier der Eucharistie am Sonntag.

Das II. Vatikanische Konzil betont mehrfach, dass die Eucharistie Quelle und Höhepunkt ist, einmal zum Beispiel in Bezug auf das ganze christliche Leben (Dogmatische Konstitution über die Kirche, Artikel 11), ein anderes Mal in Bezug auf Evangelisation (Dekret über Dienst und Leben der Priester, Artikel 5). Das heißt auch, dass es neben dem Höhepunkt noch andere Punkte geben muss, dass die Quelle irgendwohin fließt. Eine isolierte Betrachtung der Eucharistiefeier, des Sonntags, kann also kaum dazu beitragen, die Chancen gelebten Christentums zu eröffnen.

Ein Blick auf die sogenannten Grundfunktionen der Gemeinde – Diakonie, Verkündigung und Liturgie – kann zeigen, dass die liturgische Feier auch hier in ein größeres Ganzes eingebettet ist.

Diakonie bzw. Nächstenliebe gehört wesentlich zum Christsein dazu. In der Enzyklika heißt es dazu negativ gewendet: „Wenn ich aber die Zuwendung zum Nächsten aus meinem Leben ganz weglasse und nur ‚fromm' sein möchte, nur meine ‚religiösen Pflichten' tun, dann verdorrt auch die Gottesbeziehung. Dann ist sie nur noch ‚korrekt', aber ohne Liebe. Nur meine Bereitschaft, auf den Nächsten zuzugehen, ihm Liebe zu erweisen, macht auch mich fühlsam Gott gegenüber. Nur der Dienst am Nächsten öffnet mir die Augen dafür, was Gott für mich tut und wie er mich liebt" (Artikel 18). Klar und deutlich betont Papst Benedikt auch hier die Einheit von Gottes- und Nächstenliebe.

Bleibt noch die Verkündigung, die dritte Grundfunktion, zu nennen. Als Christen haben wir etwas zu sagen. Nur wenn wir von unserem Glauben erzählen, uns gemeinsam erinnern an die Taten

Gottes, kann der Glaube weiterleben. Das meint nicht nur den Religionsunterricht, die Predigt, die Weitergabe an die Kinder. Auch wir Erwachsenen müssen uns gegenseitig erzählen, was wir glauben und was uns Probleme bereitet.

Der Sonntag allein macht also gelebtes Christentum nicht aus. Die Liturgie steht im Zusammenhang mit den anderen Grundvollzügen. Es besteht jedoch die Tendenz, diese Grundvollzüge wertend zu betrachten. „Die Grundvollzüge sind im Sinn einer aufsteigenden Treppe angeordnet, deren erste Stufe die Diakonie bildet, die sich in der Verkündigung fortsetzt und deren höchste Stufe in der Liturgie besteht" (H. Haslinger, Lebensort für alle, Düsseldorf 2005, S.236). Und weiter: „Der Liturgie als dem Identitätskern kommt die höchste Gewichtung zu" (S. 238).

Darum kann es nicht gehen. Eine Gemeinde muss auch nicht zwanghaft dieses Modell der Grundvollzüge erfüllen, indem zum Beispiel durch verschiedene Ausschüsse alle Felder „erledigt" werden. Christliches Handeln zeichnet sich aus durch Gottes- und Nächstenliebe, das ist der Maßstab.

Das heißt, die Eucharistie als Quelle und Höhepunkt ist eingebettet in die Gemeinschaft sowie in andere Vollzüge des christlichen Glaubens. „Eucharistein" heißt Dank sagen, Dank für die Liebe Gottes. Jeder Einzelne ist Gottes geliebtes Geschöpf. Weil wir von Gott geliebt sind, können wir auch die anderen als Gottes geliebte Geschöpfe wahrnehmen und anerkennen.

Der Perspektivwechsel vom Sonntag als Feiertag mit der Eucharistiefeier als Höhepunkt hin zum Ganzen des christlichen Glaubens bietet die Chance, wahrzunehmen, dass Christsein mehr ist als fromme Pflichterfüllung am Sonntag.

Die Krise des Sonntags zeigt sich auf zwei Ebenen, gesellschaftlich und kirchlich. Der Sonntag ist bedroht als freier Tag. Aber auch die Feier der Eucharistie ist nicht mehr für alle selbstverständlich. Die Zahl der Gottesdienstbesucher nimmt eher ab.

Die Gewerkschaften wie auch die Kirchen setzen sich für den Erhalt des Ruhetages ein. Als Christen müssen wir überlegen, wie dieser Ruhetag als Feiertag begangen werden kann.

Es hat schon immer Veränderung gegeben. Und – war früher wirklich alles besser? Ich wurde zum Beispiel als Kind nicht gefragt, ob ich Sonntagskleidung tragen möchte oder ob ich zur Kirche gehen will. Folgerichtig habe ich mich in der Pubertät auch standhaft geweigert. Unser Sohn hat da schon wesentlich mehr Mitspracherechte. Ich hoffe, er wird einmal ein mündiger Christ werden. Im Zeitalter der Individualisierung kommen wir nicht darum herum, auch in Glaubensdingen unseren eigenen Weg zu finden. Das erfordert viel Geduld und Anteilnahme. Aber Wege zu Gott gibt es so viele, wie es Menschen gibt.

Die Gemeinschaft der Gläubigen kann hilfreich sein auf diesem Weg. Sie ist aber immer Gemeinschaft verschiedener Individuen. Das erfordert gegenseitige Rücksichtnahme, denn Lebenswege sind nun mal unterschiedlich. Wichtig scheint mir der Austausch zu sein. Und zwar der Austausch auf gleicher Augenhöhe. Wie Papst Benedikt betont, die Kommunion macht uns gleich. Im Austausch der verschiedenen Individuen, in der gemeinsamen Erinnerung an das, was der Grund unseres Glaubens ist und was dieser Glaube für mich heute und hier bedeutet, liegt die Chance. Erst wenn Menschen sich miteinander verbinden, sich mitteilen, ihre Fragen zu stellen wagen, ihre Freuden erzählen, ihren Glauben teilen, wird Gemeinschaft.

Kommunion und kommunizieren haben denselben Wortstamm. Miteinander kommunizieren und die Kommunion empfangen gehören zusammen.

Verwendete Literatur

- Enzyklika DEUS CARITAS EST, 25.12.2005, Verlautbarungen des Apostolischen Stuhls Nr. 171, Artikel 14 und 18.
- H. Haslinger, Lebensort für alle, Düsseldorf 2005, S. 236.
- D. Sölle, L. Schottroff, Den Himmel erden, München 1996, S. 89.
- Zweites Vatikanisches Konzil, Dogmatische Konstitution über die Kirche, Artikel 11, Dekret über Dienst und Leben der Priester, Artikel 5.

Weitere Literatur

- U. Beck, E. Beck-Gernsheim, Das ganz normale Chaos der Liebe, Frankfurt 1990.
- K. Lehmann, Einführung zur Ausstellung „Am siebten Tag. Geschichte des Sonntags" im Haus der Geschichte der Bundesrepublik Deutschland am 24. Oktober 2002 in Bonn, Pressemitteilung des Sekretariats der Deutschen Bischofskonferenz vom 24.10.2002.
- Gemeinsame Erklärung des Rates der Evangelischen Kirche in Deutschland und der Deutschen Bischofskonferenz: Menschen brauchen den Sonntag.

Spiritualität in der Familie

Kann beim heutigen Tagesrhythmus überhaupt noch etwas wachsen?

Marion Schöber

1. Wie sieht der heutige Tagesrhythmus aus?

Der Theologe und Lyriker Wilhelm Willms hat bereits vor einigen Jahren ein Gedicht geschrieben, das den Zustand unserer Zeit treffend beschreibt. Es heißt „Quantitativer Irrtum“:

so reich
waren wir nie
wie heute
so habgierig aber
waren wir auch nie
wie heute
so satt
waren wir nie
wie heute
so unersättlich aber
waren wir auch nie
wie heute

so versichert
waren wir nie
wie heute
so unsicher aber
waren wir nie
wie heute
so viel zeit
hatten wir nie
wie heute
so gelangweilt aber
waren wir auch nie
wie heute

so vielwissend
waren wir nie
wie heute
so sehr die
übersicht verloren
haben wir nie
wie heute
so hoch entwickelt
waren wir nie
wie heute
so sehr am ende aber
waren wir nie
wie heute

Wie von Willms in diesem Gedicht angedeutet, leben wir – trotz hoher Arbeitslosigkeit und leerer Haushaltskassen – in einer modernen Konsum- und Wohlstandsgesellschaft, allerdings mit durchaus riskanten Freiheiten. Eine Vielzahl von Modernisierungs- und Technisierungsprozessen – und nicht zuletzt die extreme Schnelllebigkeit unserer Zeit – stellen immer höhere Anforderungen an den Einzelnen.

Die (post)moderne Gesellschaft ist gekennzeichnet durch Freiheit, Individualität und Pluralität und auf der anderen Seite durch eine fortschreitende Enttraditionalisierung, durch wachsende Komplexität und zunehmende Unübersichtlichkeit. Einerseits ist mit dem Programm der Moderne ein großer Gewinn an Autonomie und individueller Freiheit verbunden, doch andererseits auch ein erheblicher Verlust an Orientierung und Sicherheit.

In allen Lebensbereichen, insbesondere im beruflichen Umfeld, wird ein immer höheres Maß an Selbstständigkeit, Flexibilität und Mobilität verlangt. Entsprechend haben wir unseren Lebensrhythmus den Erfordernissen von Arbeit, Familie und Freizeit angepasst. Ein volles Tagesprogramm, das häufig nur mit Hektik, Stress und großem Organisationsaufwand zu bewältigen ist, gehört für viele Menschen zur täglichen Routine.

2. Wie wirkt sich das auf das Familienleben und den Einzelnen aus?

Schon Kinder haben oftmals einen vollgedrängten Terminkalender. Soziologen sprechen von einer „verplanten Kindheit". Wie viel beschäftigte Manager müssen sie wöchentlich einen Berg fester Termine bewältigen: Musikunterricht, Ballettstunden, Sporttraining, Nachhilfe, Förderunterricht etc. Sie haben dadurch immer weniger Zeit, um intensiv zu leben, ihre Eindrücke zu verarbeiten und sich in Ruhe zu entwickeln. So ist es nicht verwunderlich, dass Kinder zunehmend die gleichen Symptome zeigen, die man bislang nur von gestressten Erwachsenen kannte: Gereiztheit, Konzentrationsmangel, Nervosität, Hypermotorik oder ein latentes Aggressionspotential.

Bei unserem heutigen Lebensrhythmus ist Zeit für Muße und Besinnung und damit Zeit für ein „ruhiges Wachstum" selten geworden. Feste Zeiten für die ganze Familie, für gemeinsame Mahlzeiten, Unternehmungen und Gespräche fallen in vielen Familien völlig aus.

Eine kleine Geschichte veranschaulicht das Dilemma unserer rastlosen Zeit und trifft mehr oder weniger auf jeden von uns zu: „Ein Meister des geistlichen Lebens wurde einmal gefragt, wie er es fertig brächte, in allen Situationen des Lebens die Ruhe zu bewahren und innerlich gesammelt zu bleiben. Er antwortete: ‚Wenn ich sitze, sitze ich, wenn ich stehe, stehe ich, wenn ich gehe, gehe ich.' Da sagten jene, die ihn gefragt hatten: ‚Daran kann es doch nicht liegen, das tun wir doch auch.' Und er antwortete ihnen: ‚Nein, das tut ihr nicht. Wenn ihr sitzt, dann steht ihr schon, wenn ihr steht, dann geht ihr schon, wenn ihr geht, dann seid ihr schon am Ziel.'"

Wir kennen das wohl alle: Oft erfordern die vielfältigen Belastungen des Alltags unsere ganze Kraft und lassen uns kaum Zeit zum Luftholen, zum Ausspannen oder Nichtstun und schon gar nicht zu einem spirituellen Müßiggang. Wenn wir uns aber solche Zeiten der Unterbrechung nicht gönnen, Zeiten des Innehaltens, der Besinnung und Konzentration auf das, was wirklich wichtig ist, dann hat das durchaus schwerwiegende Folgen. Die Konsequenzen reichen von permanenter Anspannung bis zum Verlust von Ruhe und Gelassenheit, von Konzentrationsstörungen bis zur Unaufmerksamkeit den eigenen Kindern, dem Partner oder uns selbst gegenüber, vom beruflichen „burn-out" bis zum Gefühl einer völligen inneren Leere, ganz abgesehen von den körperlichen Beschwerden wie Schlaflosigkeit, Kopfschmerzen, Rückenleiden und vielen anderen Erkrankungen, die überwiegend stressbedingt sind.

Gönnen wir uns dagegen Zeit zum „Auftanken" und vor allem einen Raum für Spiritualität in unserem Alltag, so erleben wir einen ungeahnten Tiefgang. Wir entdecken in uns verborgen eine geheimnisvolle Quelle, aus der uns unerschöpflich neue Energien und Impulse zufließen. Schon im 16. Jahrhundert hat Franz von Sales das Problem auf den Punkt gebracht: „Täglich eine halbe Stunde auf Gott zu horchen, ist wichtig, außer wenn man sehr viel zu tun hat, dann ist eine ganze Stunde nötig."

Um das innere Gleichgewicht zu bewahren, ist es geradezu „not-wendig", durch kreative Pausen immer wieder Abstand zu den täglichen Aufgaben und Pflichten zu gewinnen. Wer sich dabei in Gebet, Stille oder Meditation für die „Inspiration" durch das Wort Gottes öffnet, der gewinnt nicht nur Distanz und Gelassenheit, sondern der wird die Welt mit anderen Augen sehen, weil er erfahren darf, wie ihn die Begegnung mit dem göttlichen Geheimnis verwandelt und immer wieder neu belebt.

Wie wichtig es ist, sich Zeit für die tägliche Besinnung zu nehmen, erst recht, wenn man viel zu tun hat, darauf hat schon Bernhard von Clairvaux im 12. Jahrhundert den viel beschäftigten Papst Eugen III. hingewiesen: „Wenn Du Dein ganzes Leben und Erleben völlig ins Tätigsein verlegst und keinen Raum mehr für die Besinnung vorsiehst, soll ich Dich da loben? Darin lob ich Dich nicht. (...) Wie kannst Du voll und echt Mensch sein, wenn Du Dich selbst verloren hast? (...) Denk also daran: Gönne Dich Dir selbst!" Diese eindringlichen Worte machen deutlich, was auf dem Spiel steht. Oder anders gesagt, worauf es im Leben eigentlich ankommt, nämlich „voll und echt Mensch zu sein" und sich nicht in den täglichen Verpflichtungen zu verlieren, sondern gerade in der Begegnung mit dem göttlichen Geheimnis zu sich selbst zu finden und das Leben „in Fülle zu haben" (Joh 10,10).

Nur wenn wir unseren Alltag immer wieder unterbrechen und uns Zeit für Besinnung, Zeit für Begegnungen und Gespräche, aber auch Zeit für uns selbst gönnen, können wir wirklich „wachsen" und unsere Anlagen und Talente entfalten. Für die Reifung als Mensch und die Entwicklung der Persönlichkeit ist Muße und Stille unverzichtbar. Das gilt für Erwachsene ebenso wie für Kinder. Unterbrechung der Alltäglichkeit ist Sauerstoff für die Seele! Wer sich bewusst Zeit für seine Beziehung zu Gott nimmt, der wird am eigenen Leib erfahren, dass sich erfüllt, was uns von Christus versprochen ist: „Kommt alle zu mir, die ihr euch plagt und schwere Lasten zu tragen habt, ich werde euch Ruhe verschaffen" (Mt 11,28).

3. Was ist christliche Spiritualität?

Im allgemeinen Sprachgebrauch bezeichnet der Begriff „Spiritualität" eine innere Einstellung und Haltung, eine bestimmte Art und Weise, die Wirklichkeit wahrzunehmen und mit ihr umzugehen. Christliche Spiritualität im Besonderen meint eine geistige Haltung und Lebensform, die sich ganz bestimmen lässt vom Wort und Geist Gottes. Es ist die gelebte Hingabe eines Menschen „an Gott und seine Sache". Christliche Spiritualität teilt sozusagen „die Sorge Gottes um und für den Menschen". Da sie also eine immanente soziale und humanitäre Komponente hat, geht es gerade nicht um eine selbstbezügliche Innerlichkeit oder den Rückzug in ein frommes Nischendasein. Wirkliche Spiritualität wird im Handeln deutlich.

„Ein spiritueller Weg, der diese Welt nicht verändert, ist nutzlos", behauptet zu Recht der Benediktiner Anselm Grün, denn, so sagt er, „wer wirklich zur inneren Quelle findet, der wird aus dieser Quelle heraus die Welt mit anderen Augen sehen und sie im Geiste Jesu Christi ... gestalten." Denn die Liebe, die einen Christen erfüllt und den Mystiker verzehrt, „ist nicht einfach die Liebe eines Menschen zu Gott, es ist die Liebe Gottes zu allen Menschen. Durch Gott, in Gott liebt er die ganze Menschheit."

Bei christlicher Spiritualität handelt es sich im Grunde genommen um einen geistlichen Reifungsprozess. Christliche Spiritualität zielt auf die Entwicklung der eigenen Person und Identität in der Begegnung mit dem Geheimnis des menschgewordenen Gottes und damit zugleich auf die Verwirklichung einer menschenfreundlicheren Welt in der Nachfolge Jesu Christi.

Kurz gesagt, geht es um die Menschwerdung des Menschen am Vorbild und Beispiel der Menschwerdung Jesu Christi. Denn Christus als „Mittler zwischen Gott und Mensch" zeigt uns, was Gott wünscht, dass der Mensch sei. Er ist der wahre Mensch, der ganz Mensch gewordene Mensch. „Wer Christus, dem vollkommenen Menschen, folgt, wird auch selbst mehr Mensch" (Gaudium et spes, 41). Christliche Spiritualität als Begegnung mit dem göttlichen Geheimnis strebt an, dass ich immer mehr so werde, wie Gott mich gedacht und gewollt hat, dass ich in mir und meinem Leben erkenne und verwirkliche, womit Gott in dieser Welt durch mich in einmaliger Weise Gestalt annehmen möchte. „Jeder Mensch" – so sagt Romano Guardini – „ist ein einmaliges Wort, das Gott nur über diesen Menschen spricht. Und unsere Aufgabe besteht darin, dieses einzigartige Wort, das Gott nur uns persönlich zugesprochen hat, in unserem Leben in dieser Welt vernehmbar werden zu lassen."

Ein weiterer Aspekt kennzeichnet christliche Spiritualität. Sie ist eine Spiritualität des Alltags. „Es kann für den Christen im Grunde keine ‚geist-losen' oder ‚geist-freien' Lebensbereiche und Lebensvollzüge geben. Christliche Spiritualität geht davon aus, dass sich auf der Bühne des Alltags und des Weltgeschehens (...) allerhand ‚Geistliches' als Gabe und Aufgabe versteckt und zuträgt" (Christian

Schütz). Oder wie Thomas von Aquin sagt: „Kein Ding ist so fern von Gott, dass es ihn nicht in sich hätte."

Christliche Spiritualität rechnet mit der Präsenz und dem Wirken Gottes in der Welt, in jedem Menschen und in jedem Augenblick. Und sie rechnet damit, dass Gott sich zu jeder Stunde von uns finden lässt. Achtsamkeit gehört daher zu den grundlegenden Tugenden christlicher Spiritualität.

Spirituelle Menschen zeichnen sich durch eine besondere Aufmerksamkeit aus, nicht nur gegenüber ihren Mitmenschen, sondern gegenüber der gesamten Schöpfung und ganz besonders gegenüber den scheinbar unscheinbaren Dingen, denn in allem ist Gottes „unvergänglicher Geist" (Weish 12,1).

Spirituelle Menschen sind sozusagen auf der Suche nach Spuren Gottes im Leben und offen dafür, dem göttlichen Geheimnis jederzeit zu begegnen. So hat die große Mystikerin Teresia von Ávila ihre Mitschwestern immer wieder daran erinnert, dass Gott in jeder Situation den Menschen nahe sein möchte – sogar „in der Küche ... inmitten der Kochtöpfe".

4. Die Bedeutung von christlicher Spiritualität und religiöser Erziehung in der Familie

Spiritualität in der Familie bedeutet, Kinder nicht um Gott zu betrügen, wie der Tübinger Religionspädagoge Albert Biesinger gefordert hat, sondern Gott bewusst in den Alltag und das Familienleben hineinzunehmen. In keinem anderen Umfeld erfahren wir die Höhen und Tiefen menschlicher Existenz so unmittelbar und intensiv wie in der Familie. Die Familie ist der Lernort des Lebens und als solcher zugleich primärer Lernort des Glaubens. Freude und Leid, Zuwendung und Ablehnung, Vertrauen und Angst, Streit und Versöhnung, aber auch Schicksalsschläge wie Krankheit und Tod werden in den Beziehungen zu Eltern, Geschwistern und Verwandten in besonders prägender Weise erlebt.

Im Interaktionsfeld der Familie lernen Kinder, die Welt zu entdecken, Beziehungen aufzunehmen, mit Konflikten umzugehen, Selbstvertrauen zu entwickeln und Verantwortung zu übernehmen. Hierbei entscheidet sich maßgeblich, ob jemand selbstbewusst, lebenstüchtig und gemeinschaftsfähig wird. Wer sich in der Familie angenommen und getragen weiß, der kann „Ja" sagen zu sich selbst und zu anderen, „Ja" zu den Herausforderungen des Lebens und zu Gott als tragendem Grund seines Daseins.

Wir dürfen Kinder schon deshalb nicht um Gott betrügen, weil sie von sich aus zutiefst religiös sind und immer wieder Fragen stellen, mit denen sie versuchen, den verborgenen Sinn des Lebens zu ergründen: Ist es Zufall, dass ich geboren bin? Wo war ich, als ich noch nicht auf der Welt war? Wo sind meine verstorbenen Großeltern jetzt? Kommen auch die Tiere in den Himmel? Kinder mit diesen Fragen allein zu lassen, sie nicht religiös zu erziehen, würde bedeuten, eine wesentliche Dimension des Menschseins bei der Erziehung auszublenden und einen tragfähigen Grund für das Leben zu verweigern. Religiöse Erziehung kann dagegen als eine elementare Lebenshilfe bezeichnet werden, die Orientierung bietet und Zuversicht eröffnet. „Sie konturiert und gestaltet das ohnehin vorhandene transzendente, spirituelle Bewusstsein von Kindern und schafft ein Weltbild, das nicht an den Grenzen des Sichtbaren endet" (Klaus Hofmeister).

Auch wenn Kinder über ihren Glauben später selber entscheiden müssen, darf das kein Grund sein, ihnen bis dahin die religiöse Erziehung zu verweigern. Wie sollen sie als Jugendliche entscheiden können, ob der Glaube für ihr Leben eine Bedeutung hat, wenn sie ihn als Kind nicht kennenlernen durften? Auch hier gilt das Motto: Von nichts kommt nichts! „Ob Eltern ihre Kinder religiös erziehen oder aber die Dinge treiben lassen, das entscheidet wesentlich mit darüber, ob das Kind sich später mit hoher Wahrscheinlichkeit selber religiös betätigt oder nicht. Glaubenslosigkeit wie religiöses Interesse beruhen nicht allein auf der persönlichen Entscheidung oder einer göttlichen Gnaden-Eingabe ‚von oben'. Die entsprechende Disposition wird durch Erziehung (...) entscheidend vorbereitet und grundgelegt. (...) Wenn beide Elternteile religiös uninteressiert sind, ist es (...) später auch ihr Nachwuchs. Wenn beide Elternteile bewusst gläubig sind, besteht bei den Kindern immerhin zu fünfzig Prozent die Wahrscheinlichkeit, dass sie den Glauben von Vater und Mutter übernehmen" (Johannes Röser).

Eine Garantie gibt es allerdings auch hier nicht. Die besten Chancen für eine gelingende Weitergabe des Glaubens bestehen aber dort, wo der Glaube in der Familie für Kinder lebendig erfahrbar wird, wo Eltern mit ihrem Kind den Glauben praktizieren und über Glaubensfragen miteinander sprechen. Auch Forschungsergebnisse belegen die positive Wirkung religiöser Erziehung. Sie bestätigen, dass „Kinder von religiösen Eltern oder Großeltern als Jugendliche und als Erwachsene einen guten Schutz vor Orientierungslosigkeit genießen" (Dorothee Hess-Meier) und Krisen besser bewältigen können. So führte eine Umfrage aus dem Jahr 2004 zu dem Ergebnis, dass junge Katholiken mit enger Kirchenbindung weniger Zukunftsängste haben als ihre kirchenfernen Altergenossen. Nicht nur die Sorge um eine Verschlechterung ihrer finanziellen Lage, sondern auch die Angst um den Arbeitplatz und die Versorgung im Alter war bei ihnen weniger stark ausgeprägt als bei anderen Jugendlichen. Darüber hinaus sind die in der Kirche engagierten jungen Katholiken der Umfrage zufolge selbstbewusster und eher bereit, soziale Verantwortung zu übernehmen.

Zusammenfassend lässt sich sagen: Kinder haben ein Recht auf religiöse Bildung – und sie haben ein Recht auf die Wegbegleitung durch ihre Eltern! Die in der Familie gelebten Beziehungsstrukturen, die erfahrene Zuwendung und das Gottesbild, das die Eltern vermitteln, prägen entscheidend das Selbstwertgefühl, die soziale Kompetenz und die Gottesbeziehung des Kindes. Die erfahrene „Eltern-Kind-Beziehung wird praktisch auf die Beziehung zu Gott übertragen" (Albert Biesinger).

Das bedeutet aber auch, dass wir bei der religiösen Erziehung nicht nur von der Menschenfreundlichkeit Gottes reden dürfen, sondern dass sie spürbar werden muss durch uns und die Art und Weise, wie wir miteinander umgehen. Wenn im familiären Miteinander die Hoffnung und Lebensfreunde, die in der christlichen Botschaft gründet, immer wieder durchscheint und uns selbst anzumerken ist, wenn die Beziehungen, die wir eingehen, und die Atmosphäre, die wir schaffen, von der Menschenfreundlichkeit Gottes geprägt sind und wenn in dem Interesse, das wir unseren Kindern entgegenbringen, das große „inter-esse" Gottes, sein „Dazwischen-Sein" und seine Zusage „Ich-bin-da" spürbar werden, dann schaffen wir Raum für die Entfaltung der Persönlichkeit und leisten unseren Beitrag zu den Voraussetzungen der Möglichkeit einer persönlichen

Beziehung zu Gott, der immer schon da ist, ob wir seine Spuren entdecken oder nicht.

5. Zur Praxis religiöser Erziehung und christlicher Spiritualität in der Familie

Von Meister Ekkehart ist folgende Geschichte überliefert: „Ein Weiser wurde einmal gefragt, welches die wichtigste Stunde im Menschenleben sei, welcher der bedeutendste Mensch und welches das notwendigste Werk. – Seine Antwort: Die wichtigste Stunde ist immer die gegenwärtige. Der bedeutendste Mensch ist stets der, der dir gerade gegenübersteht. Und die notwendigste Tat ist immer die Liebe." Die hier hervorgehobenen Tugenden Aufmerksamkeit, Zuwendung und Liebe sind grundlegende Haltungen christlicher Spiritualität und Lebenspraxis, die vor allem auch für die Erziehung von Kindern und Jugendlichen unverzichtbar sind.

Da sich allerdings die religiösen Überzeugungen der Eltern nicht automatisch mitteilen, bedarf es darüber hinaus im familiären Alltag spezieller Formen und Praktiken, „die für die Kinder in ihrem religiösen Gehalt erkennbar sind" (A. Biesinger). Eine bloß innerliche spirituelle Einstellung, die nicht in einer bestimmten Form zum Ausdruck gebracht wird und zur Lebensgestaltung beiträgt, die verblasst sehr schnell und bleibt letztlich für das Leben wirkungslos. Sie ist, wie Fulbert Steffensky treffend formuliert, „wie eine Partitur, die nicht zur Musik wird". Sieben grundlegende Formen religiöser Erziehung und christlicher Spiritualität im familiären Alltag sollen im abschließenden Teil kurz vorgestellt werden.

5.1 Religiöse Rituale

Innerhalb der Familie haben Rituale als wiederkehrendes Ordnungsprinzip eine wichtige Funktion. Sie strukturieren das Leben und geben ihm eine feste Form. Sie gliedern einen Tag, unterscheiden den Alltag vom Feiertag und rhythmisieren den Jahreslauf. Als wiederkehrende Rituale haben sie eine stabilisierende Wirkung.

Abläufe, die immer wieder gleich sind, geben Sicherheit, schaffen Orientierung und machen die unüberschaubare Welt für Kinder verstehbarer. „Kinder empfinden die Wiederholung nicht als langweilig, sondern freuen sich darüber, dass sie schon vorher wissen, was passieren wird" (Renate Naber). Durch die regelmäßige Wiederholung und den gleichbleibenden Verlauf ermöglichen Rituale ein Verweilen in Bekanntem, die Erinnerung an Vergangenes und sind zugleich doch immer wieder etwas Neues.

Gemeinsame Rituale fördern zudem die Beziehungen in der Familie, geben das Gefühl von Geborgenheit und bieten Kindern die Vergewisserung: Das sind wir! „Es genügt schon, wenn man (...) jeden Tag einmal gemeinsam isst; am Abend vielleicht den Tag Revue passieren lässt, sich Zeit für ein gemeinsames Spiel nimmt oder eine Gute-Nacht-Geschichte vor dem Einschlafen vorliest. Es sind die immer wiederkehrenden Selbstverständlichkeiten, die zu lieben Gewohnheiten werden, zu Ritualen. Sie schaffen in der Familie Gemeinsamkeiten, die im Alltag sonst untergehen, und erzeugen spielerisch ein starkes Wir-Gefühl" (Klaus Hofmeister).

Religiöse Rituale bieten einen entscheidenden zusätzlichen Effekt: Sie sind wie Fenster zur Transzendenz. Durch sie kann die göttliche Dimension in unseren Alltag scheinen und wir beginnen zu erahnen, dass es im Leben „mehr als alles geben muss" – mehr als nur das Vordergründige und Sichtbare!

5.2 Feste im Kirchenjahr

Zu den grundlegenden christlichen Ritualen gehören die Bräuche und Feste des Kirchenjahres. Bewusst und liebevoll in der Familie gestaltet, prägen sie „die Signatur des Himmels" in die Welt der Kinder ein. In den meisten Familien mit Kindern werden sicher Weihnachten, Ostern und Nikolaus noch selbstverständlich gefeiert. Doch kann das nicht darüber hinwegtäuschen, dass kirchliche Bräuche und christliche Traditionen unser öffentliches und privates Leben immer weniger prägen.

Das trifft wohl auch für viele christliche Familien zu. Feiern wir beispielsweise noch Namenstage? Gehen wir Allerseelen noch auf den Friedhof und gedenken unserer Verstorbenen? Feiern wir Pfingsten noch als eines der Hauptfeste unseres Glaubens oder dienen die Pfingsttage nicht vielmehr als willkommene Gelegenheit für einen Kurzurlaub?

Man könnte hier von einer gewissen Traditionsvergessenheit sprechen, die tatsächlich einen Verlust darstellt, denn das Kirchenjahr bietet vielfältige Möglichkeiten und Anknüpfungspunkte für die Glaubensbildung in der Familie. Kinder, die mit dem Kirchenjahr und religiösem Brauchtum aufwachsen, gewinnen nicht nur eine bessere zeitliche Orientierung, sondern sie lernen praktisch nebenbei grundlegende Inhalte des christlichen Glaubens und unserer Kultur auf sehr einprägsame Weise kennen.

5.3 Beten

Beten gehört ebenfalls zu den grundlegenden Formen christlicher Spiritualität und damit selbstverständlich auch zu einer spirituellen Praxis in der Familie. Wer mit Kindern die Beziehung zu Gott einüben möchte, sollte mit ihnen das Beten üben. Beten bedeutet ja gerade, sich mit Gott im Dialog zu befinden und so als Hörender und Sprechender mit Gott in Beziehung zu sein.

Durch gemeinsames Beten spüren Kinder, dass der unsichtbare und verborgene Gott, zu dem sie mit ihren Eltern sprechen, der Grund christlicher Zuversicht und Geborgenheit ist. Schließlich beruhen alle Gebete auf dem Vertrauen, dass Gott so gegenwärtig ist, dass wir zu jeder Zeit und über alles mit ihm reden können. Kinder erfahren dadurch, dass wir uns von Gott bedingungslos geliebt wissen dürfen. Und sie erfahren auch, dass das Gelingen unseres Lebens nicht in der Leistung liegt, denn Gott will für seine Liebe „nichts anderes als die unsere" (H. U. v. Balthasar).

Um die Lebenserfahrung der Kinder in Zusammenhang mit Gott zu bringen, eignen sich vor allem frei gesprochene Gebete. Eltern können bei dieser sehr persönlichen Form des Betens alles zur Sprache bringen, was im Leben ihrer Kinder gerade aktuell ist. „Das kann vom Aufstehen und Zubettgehen bis hin zum Erleben des vergangenen Tages, eines besonderen Ereignisses oder eines prägenden neuen Eindruckes reichen" (Reinhard Abeln). Auch Familienangehörige und andere Menschen können mitbedacht werden, denn gerade im Fürbittgebet wird die soziale Dimension christlicher Spiritualität deutlich: Wer für einen anderen betet, wendet sich mit fürsorglichen Gedanken seinem Nächsten zu!

Neben den frei formulierten Gebeten gehören zu einer guten spirituellen Praxis in der Familie auch ritualisierte Gebete wie das „Vaterunser“ und Gebete zu festen Zeiten wie das Morgengebet, Tischgebete und das Abendgebet. Doch gerade zwischendurch, in schwierigen Situationen oder freudigen Momenten, kann Beten eine bewusste Unterbrechung des Alltags sein und uns daran erinnern, dass Gott in jeder Situation uns nahe sein möchte, sogar „...inmitten der Kochtöpfe“ (Theresia von Ávila).

5.4 Abendrituale

Einen ganz besonderen Stellenwert haben Einschlafrituale mit kleineren Kindern. Beim Zubettbringen können nicht nur Geschichten vorgelesen und Gebete gesprochen werden, sondern vor allem der Tag noch einmal bedacht und auf Gott hin ausgedeutet werden. Meist wird das Abendritual mit einem Kreuzzeichen und einem Gute-Nacht-Kuss besiegelt, vielleicht sogar mit einem Kreuz, das wir auf die Stirn des Kindes zeichnen. Die abendliche Besinnung und das liebevolle Zurückschauen auf den Tag tragen dazu bei, dass wir jeden Tag mit größerer Wachsamkeit und Aufmerksamkeit erleben und uns in Dank und Bitte vergewissern, dass Gott in allem bei uns ist und mit uns geht.

Abendrituale, die fest in den familiären Alltag eingebettet sind, fördern in besonderer Weise die Ausbildung einer eigenständigen Gottesbeziehung und können daher als ein exemplarischer Lernort des Glaubens verstanden werden. Durch die Geborgenheit und Wärme, die sie Kindern vermitteln, haben solche „Abend-Oasen“ eine emotional-stabilisierende Wirkung, die bis in die Jugendzeit hineinreichen kann.

5.5 Biblische Geschichten

Christliche Spiritualität speist sich elementar aus dem Wort Gottes. Das Lesen der Bibel gehört daher zum unverzichtbaren Fundament christlicher Spiritualität und sollte auch zum „Standardprogramm" religiöser Erziehung in der Familie gehören. Kinder lieben spannende Geschichten und sie brauchen biblische Erzählungen, weil es Geschichten des Lebens sind, Geschichten der Hoffnung und des großen Abenteuers mit Gott.

Auch wenn Eltern gelegentlich unsicher sind oder Schwierigkeiten mit einigen Geschichten der Bibel haben, sollte das kein Grund sein, sie den Kindern vorzuenthalten. Biblische Erzählungen wirken aus sich heraus. Spricht man mit Kindern anschließend über das Gelesene, kann man nur so staunen, was ihnen alles dazu einfällt und sie uns über Gott und die Welt erklären können. Kinder haben eine „Nabelschnur" zur Transzendenz. Sie sind großartige Philosophen und Theologen, von denen Erwachsene – auch im Hinblick auf Glaubensfragen – einiges lernen können.

5.6 Gespräche über den Glauben

Kinder und Jugendliche haben viele Vorstellungen und Gedanken, hinter denen sich religiöse Fragestellungen verbergen. Manchmal wissen Eltern nicht genau, wie sie darauf reagieren sollen. Hier gilt die Regel: Eltern müssen nicht gleich auf jede Frage eine Antwort haben. Sie müssen auch nicht erst Theologie studieren, um ihre Kinder religiös zu erziehen. Viel besser ist es, wenn Eltern gemeinsam mit ihren Kindern nachdenken und rätseln und dadurch selbst als Suchende im Leben und Fragende im Glauben erkennbar werden.

Nicht nur für Kinder und Jugendliche, sondern auch für Erwachsene sind Gespräche über den Glauben wichtig. Nur wenn auch über solche Themen in der Familie miteinander geredet und gerungen wird, kann bei allen Beteiligten das religiöse Interesse wachsen und der Glaube vertieft werden. Durch Gedankenaustausch und gemeinsames Diskutieren erfolgt eine bewusste Auseinandersetzung mit dem Glauben. Sie trägt entscheidend dazu bei, dass

Glaubensaussagen und -inhalte nicht unreflektiert übernommen werden, sondern sich eine eigene Glaubensüberzeugung und persönliche Gottesbeziehung entwickeln kann.

Schließlich kann auch die für eine gelingende Glaubenskommunikation und -weitergabe unbedingt erforderliche religiöse Sprach- und Ausdrucksfähigkeit – wie jede andere Sprache auch – immer nur durch Hören und eigenes Sprechen erworben werden.

5.7 Segnen

Das Segnen ist ein sehr ausdrucksstarkes christliches Ritual, das leider in vielen Familien nur noch sehr selten praktiziert wird und bei einigen ganz in Vergessenheit geraten zu sein scheint. Eltern, die ihre Kinder mit der liebenden Nähe Gottes in Berührung bringen möchten, sollten diesen Brauch unbedingt wiederentdecken, denn Segnen heißt, jemandem „Gutes zusprechen" – für ihn Gottes Gegenwart und Beistand erbitten. In diesem Sinne kann man wohl nicht genug segnen: die tägliche Speise, das Brot, das frisch angeschnitten wird, und vor allem unsere Kinder, wenn sie morgens das Haus verlassen oder ein besonderes Ereignis vor ihnen liegt. Kinder zu segnen und ihnen ein Kreuz auf die Stirn zu zeichnen, ist eine sehr anrührende und tiefsinnige Geste, mit der wir ihnen zeigen: Du bist geliebt von uns und geliebt von Gott, der es gut mit dir meint und der mit dir geht, egal, was passiert!

Religiöse Erziehung und christliche Spiritualität, die Eltern durch solche Formen in der Familie praktizieren, bringen Besinnung und wahren Tiefgang in das Leben. Sie unterbrechen den Rhythmus der Alltäglichkeit und schaffen einen Raum, in dem die Seele aufatmen kann. Eltern, die sich selbst immer wieder vom Geist Gottes inspirieren lassen und aus der Lebensfreude des christlichen Glaubens heraus ihre Kinder bewusst religiös erziehen, lassen die Zuwendung und Liebe Gottes erfahrbar werden und tragen entscheidend dazu bei, dass ihre Kinder Selbstvertrauen entwickeln und Zuversicht gewinnen. Es geht dabei nicht um einen zusätzlichen Erziehungsstress, sondern um einen Zugewinn an Sinn und Lebensqualität für alle Familienmitglieder.

Wenn wir gemeinsam beten, in der Bibel lesen oder andere christliche Traditionen und Bräuche pflegen, dann lassen wir Gott und seinem Wirken Raum in unserem Alltag und vertrauen darauf, dass er durch alle Höhen und Tiefen mit uns geht und dass er auch die Sorge und Verantwortung für unsere Kinder mit uns trägt – so wie uns im Buch Jesaja von ihm versprochen ist: „Kann denn eine Frau ihr Kindlein vergessen, eine Mutter ihren leiblichen Sohn? Und selbst wenn sie ihn vergessen würde, ich vergesse dich nicht" (Jes 49,15).

Wir können Kindern einfach keine bessere „Lebensversicherung" mit auf ihren Weg geben als den Zuspruch Gottes: Egal, was passiert, ich bin da und lasse dich nicht fallen! Um diese Erfahrung mit dem großen Geheimnis des Lebens und der Menschenfreundlichkeit Gottes dürfen wir unsere Kinder und Jugendlichen nicht betrügen – und auch uns selber nicht!

Der Bildband möchte die heiligen Orte unserer Kirche in ihrer heutigen Bedeutung vorstellen. Dabei greift er zurück auf die spirituellen Ursprünge und die geschichtliche Entwicklung kirchlicher Baukunst.

„Dieser Bildband überzeugt durch hervorragende Bilder und sehr ansprechende Gedanken. Auf diese Weise ist mir die Quickborner Kirche und sind mir auch die vielen Menschen, die diese immer wieder besuchen, lebendig vor Augen."

Erzbischof Dr. Werner Thissen, Hamburg

Kraft des Ursprungs

von Pfarrer Wolfgang Guttmann
112 Seiten, 22 x 26,5 cm,
durchgehend vierfarbig, gebunden
Preis: 22,90 €

- ISBN-10: 3898703193
- ISBN-13: 978-3898703192

Natürlich ist das Buch auch durch die Buchhandlung Selma Theophil oder auch durch unsere Pfarrbücherei im Gemeindehaus erhältlich (sonntags ab 11.00 Uhr).

Der Verkaufserlös des Bildbandes ist bestimmt für unsere St.-Marien-Stiftung.